U0783508

肖　君◎编著

中国智能教育
创新实践报告

华东师范大学出版社
·上海·

图书在版编目（CIP）数据

中国智能教育创新实践报告/肖君编著.—上海：
华东师范大学出版社，2022
ISBN 978 - 7 - 5760 - 3248 - 2

Ⅰ.①中… Ⅱ.①肖… Ⅲ.①人工智能-应用-教育
-研究 Ⅳ.①G43

中国版本图书馆 CIP 数据核字（2022）第 190850 号

中国智能教育创新实践报告

编　　著　肖　君
责任编辑　王　健　严佳琪
责任校对　苏　红　时东明
装帧设计　卢晓红

出版发行　华东师范大学出版社
社　　址　上海市中山北路 3663 号　邮编 200062
网　　址　www.ecnupress.com.cn
电　　话　021 - 60821666　行政传真 021 - 62572105
客服电话　021 - 62865537　门市（邮购）电话 021 - 62869887
地　　址　上海市中山北路 3663 号华东师范大学校内先锋路口
网　　店　http://hdsdcbs.tmall.com

印 刷 者　常熟市文化印刷有限公司
开　　本　787 毫米×1092 毫米　1/16
印　　张　9.25
字　　数　198 千字
版　　次　2022 年 11 月第 1 版
印　　次　2022 年 11 月第 1 次
书　　号　ISBN 978 - 7 - 5760 - 3248 - 2
定　　价　58.00 元

出 版 人　王　焰

（如发现本版图书有印订质量问题，请寄回本社客服中心调换或电话 021 - 62865537 联系）

编　委　会

前　言

　　人工智能技术的日趋成熟,使人们的生活发生了翻天覆地的变化,并在各行各业崭露头角,开辟了崭新的数字化时代。2017 年,国务院印发《新一代人工智能发展规划》描绘了未来十几年我国人工智能发展的宏伟蓝图,确立了"三步走"目标。2019 年,联合国教科文组织发布的《教育中的人工智能:可持续发展的挑战和机遇》报告中也明确指出人工智能重塑教育生态,发展智能教育已成为当前甚至是未来的教育新议题。2021 年,教育部同意将上海作为教育数字化转型试点区,重点聚焦服务国家教育发展战略,持续深化改革,探索形成更多可复制可推广的制度成果。在政策的引领下,智能教育越来越成为全球教育和科技领域的重要议题。

　　在全球智能教育探索与发展的过程中,各国的智能教育发展目标和途径具有一致性,发展途径均通过更新教育理念;鼓励政府、企业、家庭、社区等各社会团体和社会单元参与到智能教育的建设中;搭建完善的智能教育环境;关注人工智能的伦理问题等方面推进智能教育发展。而在具体的落地过程中,各国都从智能教育战略、智能教学环境搭建、教师信息化与数字化素养培养以及将数字化素养提升纳入全年龄段课程等系统化布局智能教育未来发展。

　　融合当前高新技术手段,大力推动并发展智能教育已成为时代的必然选择,而智能教育的建设必须建立在"以人为本"的基础之上。智能教育的核心在"教育"本身,而新时代教育要实现"质"的提升亦离不开"智能"助推。这就要求智能教育建设的出发点和落脚点要目标明确并且统一。对于学生来说,人工智能使得为每个学生设计一个量身定制或个性化的学习途径成为可能;对于教师来说,人工智能可以帮助他们节省收集和分析学生数据的时间,从而提高精准化教学;对于学校来说,人工智能使得教育数据可视化,方便教育管理,为学生提供沉浸式的教育体验。

　　2020 年突如其来的疫情让教师和学生适应数字化环境,也给远程工作带来挑战。同时,这种挑战促进了学校使用和优化基于先进 ICT 的教学创新实践的发展和传播。在这种背景下,研究数字技术在教育中的可能性,以及如何最有效地利用它们是极其重要的。因此,了解和使用智能技术,对于加强对当前教育数字化转型进程和趋势的理解,以及为教师、教育工作者提出建议,都非常重要。

　　本报告围绕着项目开展各流程及成果,结合全球智能教育发展现状以及国内智能教育发展现状,对智能教育建设路径与方法展开分析,并精选人工智能等先进信息通讯技术运用于教育方面的数字化转型案例汇编成册,以提高人工智能和数字创新的主流化能力来助力教育。整合多方智慧,凝萃创新精华,面向利益相关者,特别是政策制定者、系统管理者、教师、学生以及广大公众,对教育方式的数字化转型进行大范围推广。

本报告由肖君编著并研究确定主要内容结构,同时组织上海开放大学、复旦大学、上海交通大学、同济大学、上海大学、上海外国语大学、海军军医大学、上海纽约大学、上海理工大学、上海亿欧网络科技有限公司、腾讯云计算(北京)有限责任公司、上海巩富市场咨询有限公司等单位专家合作编写。其中,第一章、第二章由肖君、宋岸奇、李万凌霄、邵雯梦、王瑞编写。第三章由肖君、吴颖、刘丹丹编写。第四章第一节由肖君、余安敏、陈俊隽、吴韬、曹梦莹编写,第二节由王新、赵泽宇、杨春明编写,第三节由沈宏兴、张健、邵晶晶编写,第四节由许维胜、王宁编写,第五节由许华虎、夏上云、王武荣编写,第六节由常潘编写,第七节由徐光涛、胡艺慧、周雯婷、李英倩编写。第五章第一节由肖君、朱晓晓、臧宏编写,第二节由沙琨、陈晨、刘朝斌编写,第三节由周亦敏、裘慧奇编写,第四节由王鹤编写,第五节由张东平编写,第六节由刘卫昌编写,第七节由梁静、崔炜编写,第八节由黄燃东、汪根龙、陈正大编写。第六章第一节由赵衍、张宁、张文正编写,第二节由王晟、郑东刚编写,第三节由董峰编写,第四节由汪正、贾晖编写,第五节由陈丽莉、王静编写。此外,本书的编写工作得到了上海市科学技术委员会科研计划项目课题"上海开放远程教育工程技术研究中心(课题编号:13DZ2252200)"支持。

本报告受限于作者的学识和水平,尽管已做了最大努力多次修改成稿,但仍难免存在疏漏与不足之处,欢迎广大读者批评指正。

目　录

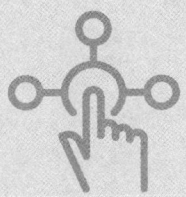

第一章
全球智能教育发展概况

第一节　智能教育的内涵及定义

一、智能教育定义

从业界较为认可的对智能的定义来看,智能是一种普遍的心理能力,包含推理能力、规划能力、解决问题能力、抽象思考能力、理解复杂观点的能力、快速学习能力、从经验中学习的能力等。

随着社会经济发展进入人工智能时代,智能技术对教育的影响尤为深远。从教育的角度来说,教育的目的是培养适应社会经济发展的人才,从第一次工业革命至今,科技的每一次进步都在不断促进各国教育体系、制度的变化和改革,而进入以人工智能技术为代表的第四次科技革命时代后,智能教育的发展和推进将成为至关重要的一步;从技术的角度来看,智能即是指人工智能技术,而人工智能技术建立在大数据的分析处理以及其他技术的融合之上。

因此,综合来看,智能教育即是指在教育领域全面深入地运用人工智能技术等数字化的现代信息技术促进教育改革发展和人才培养的过程。

二、智能教育的内涵

事实上,智能教育在建设的过程中不仅需要考虑各个国家和地区在人工智能技术上的成熟度和应用情况,还需要综合地考虑学校、社区、培训机构等的基础建设情况、数字化水平,要讨论智能教育就离不开对教育信息化和数字化转型的讨论。因此,智能教育在技术特征上并不是仅包括人工智能技术,还包括大数据、云计算、5G等技术。

伴随数字信息技术的快速发展以及全球教育数字化转型的加速,智能教育具体表现为以学生、教师、教育管理者等教育参与者的需求为核心,改善在教育教学、教育管理、教育研究、思维素养提升等方面的效率和效果,在兼具规模化和个性化的情况下,实现优质教育资源的协调和供给,促进实现各个国家和地区间教育公平的目标。

第二节　全球智能教育趋势

信息科技的迅猛发展和疫情大势之下,智能教育越来越成为全球教育和科技领域的重要议题。正确并全面地了解全球各国或地区的智能教育发展情况,不仅有利于我国把握全球教育领域发展前沿,同时有助于我国自身的教育行业优化,助力实施科教兴国的发展战略。

一、 研究对象选择原因

1. 政策先锋性

国家的发展是一个系统的繁复运转过程,需要政治、经济、文化、军事、教育等多个要素的协同作用,而宏观政策必然成为当代教育发展的领航灯。经过对全球各重点国家智能教育相关政策的梳理,可以发现美国教育信息化政策规划早,并且历经了三十几年的发展,美国的相关政策还有涉及广、运行快的特点。各国的研究中心成为教育智慧化的政策先锋。新加坡则是全球最早进行教育信息化总体规划的国家之一。

2. 科教结合的发达性

教育是民生之本,智能教育的发展离不开科技与教育的优势融合。因此智能教育的发展高度可由科教结合的发达性衡量,将其作为遴选标准,选取具有代表性的国家进行研究。

3. 与我国国情的适配性

日韩与我国同为东亚国家,沐浴同样的儒学文化,在文化演进和培育人才方面,相比于其他国家而言,日韩与我国在教育体制、教学理念、社会结构上具有更多的相似性。

综上所述,为探讨全球智能教育的发展趋势,考虑到政策先锋性、科教结合的发达性和与我国国情的适配性,故选择美国、新加坡、日本、韩国和欧洲地区等作为研究对象,进行各方面的分析。

二、 各国或地区智能教育发展战略

以时间为线索,下面详细梳理了美国、新加坡、日本、韩国和欧洲地区以及中国的智能教育发展政策和国家战略规划。

表 1-1　各国或地区智能教育发展战略

国家	相 关 政 策	主 要 内 容
美国	● 2016 年,联邦政府发布《国家人工智能研发战略规划》和《为人工智能的未来做好准备》两份报告。 ● 2019 年,更新为《2019 年国家人工智能研发战略规划》。	● 前者提出了美国优先发展的人工智能七大战略方向及两方面建议;后者探讨了人工智能的发展现状、应用领域以及潜在的公共政策问题。 ● 2019 年更新确定了联邦投资于人工智能研发的优先领域,承诺提供更有效的教育。
新加坡	● 2016 年,新加坡政府发布《研究、创新与创业 2020 规划》。 ● 2019 年,新加坡政府发布《国家人工智能战略》并启动国家级的 AI 研发平台——AI 创客。	● 该规划承诺投入 5 亿新元开展 AI 研究和创新,计划到 2030 年之前通过五项 AI 计划升级国际基础设施。 ● 提出新加坡未来人工智能发展愿景、方法、重点计划、建立人工智能生态等内容。
日本	● 2016 年,日本文部科学省发布《科学技术白皮书(2016 年版)》。 ● 2018 年,发布《抓住未来的 TECH 战略》。 ● 2019 年,发布《人工智能战略 2019》。	● 提出了与美国不同的人工智能发展模式,主要是建立国家级技术创新平台。 ● 概述了物联网、人工智能和机器人等技术在未来社会中的应用场景。 ● 该战略旨在解决日本所面临的各种社会问题,增强本国人工智能产业竞争力。
韩国	● 2016 年,韩国教育部发布《应对智能信息社会的中长期教育政策方向与战略》。 ● 2019 年,韩国政府发布《国家人工智能战略》。	● 要求初中从 2018 年开始、小学从 2019 年开始实行软件教育义务化,强化智能信息技术人才培养的基础。 ● 计划在 2030 年时将韩国在人工智能领域的竞争力提升至世界前列。
欧洲地区	● 2014 年,英国出台《人工智能 2020 国家战略》。 ● 2016 年,德国联邦经济和能源部发布"数字化战略 2025"。 ● 2016 年,欧盟出台《欧洲工业数字化战略》。 ● 2017 年,英国政府颁布《在英国发展人工智能》。 ● 2019 年,芬兰发布《芬兰引领人工智能时代》。 ● 2020 年,欧盟发布《人工智能白皮书》。	● 英国政府将人工智能技术列为最重要的八大技术之一。 ● 德国提出"在人生各个阶段实现数据化教育"。 ● 提出要研究制定"欧盟技能行动议程",提升人们在数字时代工作所需的技能。 ● 在人才培养、课程设置、教育制度上提出了新举措。 ● 指出芬兰将汇集专家资源,推进人工智能全民和终身学习,加强实际应用教育与培训。 ● 欧盟希望未来 10 年每年吸引超过 200 亿欧元的投资用于人工智能领域。
中国	● 2017 年,国务院印发《新一代人工智能发展规划》。 ● 2018 年,教育部印发《高等学校人工智能创新行动计划》的通知。 ● 2019 年,中共中央办公厅、国务院办公厅印发《加快推进教育现代化实施方案(2018—2022 年)》。	● 该规划是我国在人工智能领域进行的第一个系统部署的文件,描绘了未来十几年我国人工智能发展的宏伟蓝图,确立了"三步走"目标。 ● 引导、支持高校提升人工智能领域自主创新、人才培养和服务国家需求等能力。 ● 提出要着力构建基于信息技术的新型教育教学模式、教育服务供给方式以及教育治理新模式。

国家	相　关　政　策	主　要　内　容
中国	● 2021年7月,教育部等六部门印发《关于推进教育新型基础设施建设构建高质量教育支撑体系的指导意见》。 ● 2021年,教育部同意将上海作为教育数字化转型试点区。	● 充分发挥数据作为新型生产要素的作用,推动教育数字转型,构建新型数据中心,促进教育数据应用。 ● 将上海作为教育数字化转型试点区,重点聚焦服务国家教育发展战略、健全完善省级政府教育统筹治理机制、健全教师队伍建设发展机制、加强高品质教育资源供给、提升高校自主创新能力和社会服务水平、加快和扩大教育对外开放等方面开展共建合作,持续深化改革,探索形成更多可复制可推广的制度成果。

三、 发展目标及途径

1. 发展目标

世界各国的智能教育发展目标和途径具有明显的融合性,一是将信息科学技术应用于教育教学中,达到教育教学模式变革和提升教培效果的目的;二是通过信息科学技术相关的普及,提升国民的数字化素养和塑造信息化人才。

2. 发展途径

智能教育是多种智能信息技术驱动教育发展的结果:一是更新教育理念,提升教育主体的信息技术应用能力,智能教育是科教结合的高级生态模式,因此智能教育的实现首先需要政府、社会、教育组织机构以及教育工作者更新传统的教育理念,在思想上和应用能力上提高自身;二是鼓励政府、企业、家庭、社区等各社会团体和社会单元参与到智能教育的建设中,政府政策先行,公司企业进行技术突破和技术环境搭建,学校试点建设智慧校园以及家庭社区等团体参与其中;三是搭建完善的智能教育环境,构建智能学习系统,为每一位学生提供更有针对性的、高效的学习服务;四是注重人工智能伦理,保障智能教育发展的安全性,各国都在各项国家立法中包含了对数字化时代教师队伍的新的培养标准和行为守则。

四、 各国系统化布局

通过对各国智能教育战略规划的筛选和研究,可以发现在政策层面各国都倾向于发布系统性的计划,逐步推进智能教育发展;在智慧化人才队伍的培养上,各国的政府、学校都做出了相应的战略布局以提高教育工作者的信息化教学能力和数字化素养,同时部分企业也承担了相关科技人才输送的职责;积极搭建智慧教学平台,提升学习效率,创新教学模式,完善教学过程,为数字化转型下未来教学环境的全面智慧化奠定基础。

1. 智能教育战略的提出

各国的教育信息化发展战略的提出和实施普遍具有一定的系统性,体现出教育信息化发展对连续性和渐进性的要求,根据自身国情和本国科技水平颁布的战略规划,均体现出各国对智能教育的系统化设计。

2. 教师信息化、数字化素养培养

各国在战略政策上都不约而同地突出了对教师队伍信息化技能的培养,同时各个地区学校都推出了相应的培训计划,以期能够加快数字化教学产品的实践落地,强化数据分析、数据解读并能通过结果和数字化的教学产品应用指导实际的工作,提升效率。

3. 智能教学环境的搭建

各国不断对教育资源进行网络化升级,以期达到共享和同步,消除区域教育不公平,实现教育资源的平等共享。而智慧教室等智慧校园设施的建设,各国也在规划尝试中,并坚持统一性、可集成性的实施原则,与智慧教室相适应的其他智慧校园硬件设施建设也在各国的系统化布局中。

4. 将数字化素养提升纳入全年龄段的课程学习中

各国均将基本的人工智能学习、信息技术理论知识的学习纳入到 K-12 各年级的课程中,包括计算思维、数据和算法素养、编程和统计等,使青少年能够生成自己的人工智能工具;支持高等教育及研究机构开发或加强相关课程和项目,制定中长期的信息技术人才培养计划;而在终身教育阶段,通过终身教育以及企业内部的内训、技能提升,使每个人得以深入了解人工智能等数字技术的素养,为国家和社会提供创新型、应用型以及复合型的数字化人才。

第三节　全球智能教育发展的中国启示

全球智能教育的发展从二十世纪九十年代教育信息化的建设开始萌芽,互联网也开始在各个国家和地区迅速普及,为之后的在线教育、自适应学习等创新教学模式的产生提供了支撑条件。尽管2008年的全球金融经济危机重创了各大经济体,但教育发达的国家自此之后开始加大对教育的投入,着力培养创新型人才和高科技人才以推动本国的经济发展,增强本国的核心竞争力。深入研究各国的智慧教育发展,发现对发展符合我国国情的智能教育有以下启示。

一、全球智能教育发展的共同点

尽管各国在智能教育的推进上呈现出多维度、多主体协同发展的特点,但在宏观战略层面、中观技术层面和微观实践层面都体现出一定的共同点,归纳概括明晰这些共同点,有助于我国在解决智能教育发展上遇到的难题时,可以从各层次借鉴适合我国国情和对症如今主要矛盾的解决方案和全球经验。

1.宏观战略层面

从宏观战略层面,纵观美国、新加坡、韩国、日本等国在智能教育上的发展战略,发现在宏观政策上,2015年前后政策的侧重点是有差异的。

在2015年之前的教育信息化政策中,各国致力于网络基础设施的铺设和互联网的普及,以及一些信息科学技术的开发。此时各国多项规划政策都突出了技术的重要性,以技术为中心投射教育领域。

表1-2　智能教育涉及技术普及的战略规划

国家	涉及技术普及的战略规划
美国	NETP1996规划明确提出让美国学生做好准备,迎接21世纪技术素养挑战的主题。
新加坡	在iN2015计划中更是量化性地提出规划目标为2015年达成至少90%的家庭使用宽带,电脑在拥有学龄前儿童的家庭中普及率达到100%。
英国	2012年发布了"聚焦于如何利用ICT来促进教学与学习"的政策,鼓励在学习中引入ICT技术优化教学过程。

2015年以后,随着人工智能、云计算、物联网等数字技术的不断发展,数字技术应用到教育领域的新模式层出不穷,显现出很多社会化问题和技术弊端,凸显出披着新技术外衣的传统教学模式的短效性。战略决策者们逐渐意识到数字技术的来势汹汹,并开始反思教育的本质——"以人为本",由此开始从顶层设计层面引导数字化转型下的智能教育发展应始终围绕"人"来展开。

2. 中观技术层面

"智能教育"离不开"智能",各国智能教育发展中,对技术的重视程度显而易见,在中观技术层面也体现出两方面的共同点。

一是在国内各地区推行网络基础设施的搭建,注重信息化的普及,同时对于本国欠发达地区也予以重点关注。各国在通信网络方面和基础设备方面都加大投入,相应教育信息化的发展过程中都设立了明确的信息化目标,并出具相应的调查报告进行成果检测。

二是各国都在追求物联网、云计算、大数据分析等数字技术与教育各方面的适配性。例如云计算技术在教育领域的应用,为教育系统计算资源的不足提供了解决方案。云计算技术的灵活运用,可以将网络资源进行整合,构建完整有效的信息资源池,为教育行业带来更好的服务。

3. 微观实践层面

微观层面,各参与主体对智能教育的实践存在一定的共同点。在战略政策的支持下,各国都尝试规划了智能教育的区域试点。

表 1-3　智能教育试点规划

国家	试　点　规　划
韩国	2012 年,韩国在世宗特别自治市兴建了四所"智能学校"(SMART School),智能学校里安装有 72 英寸电子黑板、带有电脑的电子讲桌以及无线 AP 天线等设备,还给学生们统一配备了个人平板电脑。
日本	2006 年,日本从全国选拔 10 所小学、8 所中学、2 所特别支援学校作为实验校,开展试点"未来学校推进事业""学习革新事业"两个信息化建设项目,实现了"1 人 1 台"信息终端配备,并开展了各类教学实践工作。
中国	2019 年,教育部公布北京东城区、上海闵行区、河北雄安新区等 8 个首批智慧教育示范区,在建设重点上开展数字校园建设、数字化教学方式的变革实践,完善统一的数据标准、数据共享机制,搭建区域性的数字资源平台。 2021 年 9 月,教育部同意将上海作为教育数字化转型试点区,双方签署了《教育部 上海市人民政府共同全面深化上海市教育领域综合改革战略合作协议(2021—2025 年)》,将重点聚焦服务国家教育发展战略、健全完善省级政府教育统筹治理机制、健全教师队伍建设发展机制、加强高品质教育资源供给、提升高校自主创新能力和社会服务水平、加快和扩大教育对外开放等方面开展共建合作,持续深化改革,探索形成更多可复制可推广的制度成果。

在智能教育的发展中,各国在实践层面都注重调动多方力量,促进教育信息化的高效推进。有学者认为,在政策内容的落实过程中,政策的制定仅占10%,而其余的90%则取决于政策的有序进展。

同时,在全球各国的发展进程中,各国的教育信息化发展起初几乎都是由科技企业主导。而如今各国的智能教育发展更多关注"人"的实际需求方面,从师生的日常教学活动出发,开发所被需要的智能学习产品,服务于教学环境、教学模式以及教学制度的优化过程。

二、 全球智能教育发展已实现的目标

全球智能教育如今已走过三十几年的风雨,各国的政策、产品、实践的主要目标如前所述可分为在教育领域软硬件上的革新,包括依托于技术的教学方式、教学模式甚至教学系统环境方面的革新;以及对人的培养,即通过技术的普及和使用,提升人的信息化、数字化、智能化素养。面对如此众多的发展目标,对于全球智能教育发展已实现的目标,大致也可以归纳为以下两类。

1. 智能教育产品的初步应用

资料显示,各国如今仍处于智能教育的发展进程中,仍在不断完善教育信息化。随着过去几十年的科技发展,涌现出大量成功的智能教育产品,如今正服务于各国的教学基础活动。

例如,韩国在2007年发布了《数字化教材普及化方案》,并于2015年实现了小学至高中多数教材的更新,全面普及了数字化教材,并基于数字化教材实验校的反馈情况开发了与数字化教材相匹配的教学模式。同时,韩国还开发了网络家庭学习系统(Cyber Home Learning System,简称CHLS),支持学生在线进行自主化学习,并提供学情评价和在线教师辅助学生形成完整的知识输入和输出过程。美国数学课程自适应学习公司(Dream Box Learning)通过监测学生做题的正确率、决策时长等,不断优化学生的学习路径,确保为学生提供高水平的个性化教学服务。全球还有大量诸如此类的在线学习系统、在线评估自学系统以及资源共享系统为所有学生提供智慧化的学习服务,通过前沿的信息技术,研发创新型的教学系统,进行教学方式、教学模式上的创新,实现了智能教育在软硬件上的革新。

2. 人才素养的培养

人才素养的培养是智能教育自始至终所致力的任务,现阶段全球各国已基本完善了对互联网基本技能的普及,关键是让相关人才具备基本的信息化素养。各国通过对教师、学校领导的数字化技术能力的培训和政策激励,使其从最基本的多媒体教学产品的使用,到如今资源平台的维护和智能教育产品的灵活使用,得到了很好的过渡,实现人机协同,因此学生的数字化学习能力

也得到了有效的提高。例如,英国通过设立"英国教育培训与技术展奖"来鼓励教师应用数字教育资源开展教学活动,设立"下一代学习奖"鼓励广大教师应用ICT开展教学。

三、 发展中的瓶颈与挑战

智能教育的发展任重道远,从全球视角来看,虽已取得卓有成效的发展成果,但是不论是过去的发展过程还是现行的发展路径中,都存在一些难题和挑战。对曾经、现存的发展瓶颈进行反思,对我国的智能教育健康发展具有重要作用。

1. 技术难题

智能教育的一大底层设施即是互联网,各国的教育信息化发展都力图能够实现教育资源的共享性,不论是云计算支撑的资源共享平台,还是在线自学系统或评估系统,都将面对处理大量数据的问题。而如何使大规模学习者的信息得到逻辑性的存储以及如何应对每位学习者的在线辅导和学情实时反馈,都将是技术层面需要突破的一大难题。

2. 伦理道德和行为规范

信息技术的爆发式增长,不仅存在理论滞后于实践应用的现象,同时还存在社会道德规范的滞后问题。教育信息化的过程就面临着科学技术对伦理道德的挑战。科学技术是一把双刃剑,不仅能够促进社会的发展进步,同时也可能存在一定的负面影响。

智能技术的高速发展和迭代,使得青少年有机会越来越早地接触互联网,成为网络的深度使用人群。而近年来各国都存在青少年网络成瘾,使用网络时或主动或被动地浏览不良信息,而网络又无处不在、无时不有,同时由于前期各国都追求互联网的高效和互联,更加促进了各种资源在网络上畅通无阻地流动。面对庞大的资源整合和管控,各国开始推出一系列政策和法律法规,开展网络伦理教育,营造绿色网络空间,着力解决智能教育与网络信息之间的矛盾。

3. 智能学习环境的延伸

人工智能技术与教育的完美融合,所产生的不仅仅是科学技术带来的智能化、效率化和协同化等特点,其更大的价值在于智能技术的呈现能够激发出人内在的对知识的渴望、对未知的好奇、对不同学科知识架构的探索,促进个性的充分发展和价值观的重构,这些都赋予学习新的意义,都是智能学习环境的延伸。

在智能学习环境和各类技术特征的决定下,智能学习活动越来越接近真实的情景和现实的问题。智能学习对象将告别简单的问题,逐步转向真实问题且高度复杂化。而学习方式也越来越倾向于体验式学习、真实情境的学习等，越来越要求突出真实的课堂交互和协作等。这些都将导致智能学习实践的复杂性增加。因此智能学习环境的延伸也意味着这种突出情境的、模拟真实的课堂活动、课外活动、教学活动、实践活动等各方面学习生活的深度融合。而智能教育如何协助教师使学生成为更好的学习者，便成为全球智能教育发展的极大挑战，也是中国未来发展智能教育需要考虑的重要问题。

第二章
中国智能教育发展概况

第一节　中国智能教育的发展历程及现状

　　智能教育的实现并不仅仅是人工智能在教育上的应用,作为系统化的建设过程,我国的智能教育离不开教育信息化、数字化转型的过程。综合考虑了我国教育信息化整体的发展格局——由单一简化的基础设施向多元集成化的智能教学深度变革,以及信息科技的深化发展,下文将教育信息化发展大体划分为信息化、数字化、集成化和智慧化四个阶段。

　　1. 信息化阶段(2000 年以前)

　　从改革开放初期开始,教育信息化的相关内容就已进入研究者的视野。在信息化阶段,基本实现了教育网、校园局域网、区域网等的建设,电化教育形式普及全国:东部、中西部部分地区基本完成了计算机网络化的建设,而对于边远贫困地区及山区学校则联通教育卫星宽带网,不具备条件的少数学校也实现了电化教育的设施配套,以上硬件、软件基础设施的建设和完善为现代远程教育和科研提供了必要的基础。我国在地区经济水平差异化较大的条件下,努力实现由电化教育向教育信息化的升级。

　　2. 数字化阶段(2000 年—2011 年)

　　在该阶段中,我国加强学校宽带网络建设,深化落实现代远程教育工程。其中不乏有院校设置网络教育学院,开设网络课程、精品课程。同时,随着信息化教学手段的不断丰富,各教学单位也积极开展针对教师队伍的信息技术能力培训活动,这也助推了教育信息化的快速发展,校园逐渐实现了从现实校园、校园网到数字校园、校园信息化的过渡。

　　3. 集成化阶段(2011 年—2020 年)

　　该阶段基本完成了教育信息化硬件设备配置,大幅提升了各教育主体的信息技术应用能力,加大了教育信息化方面的财政支出,从技术基础到经济基础都为智能教育的构建创造了良好的前提条件。

　　4. 智慧化阶段(2020 年至今)

　　该阶段实现了教育发展重点的转移,即从重点关注"技"到关注"人",也就是从剖析教育信息化的内涵和意义到探讨教育信息化的价值和实现教育系统的革新。走过了技术扶植教育实践的阶段,如今更需要思考和深度实现的是技术与教育的融合,以期为每个学生提供个性化的学习体验,为教师提供高效的教学管理服务。

智能教育的实现除了多部门宏观政策的支持,也离不开信息技术的创新和应用,现阶段信息技术在教育领域的实践也面临着如下挑战。

1. 技术能力

作为"互联网＋教育"的重要载体和工具,智能教育产品的智慧化程度能够较为直接地决定智能教育的发达程度。智能教育产品的智慧化程度又取决于当下科学技术能力的先进度和发展程度。经过单一信息技术的普及到多元应用技术的研发,我国新兴技术的发展日趋成熟,技术逐渐被教育领域所接纳、应用,等待教学实践的检验。

2. 应用落地情况

目前已有丰富的教学场景中存在对新技术的应用,但仍然存在部分技术有待挖掘的应用场景,同时还有一些方面技术应用的结合度还不高,而教育企业、互联网公司的过度参与使得教育产品同质化问题严重。

3. 实际建设情况

教育信息化硬件设施的铺设主要集中在学校教学环境中,过去的教育信息化设施面临改造升级的问题,特别是如何应对 5G 等技术在硬件设备上的使用和升级。

同时,各部门尚未打通的软件服务也限制了软件使用者的数字化便利,存在"专人专用"的低效情况;而对一些软件的盲目采购和应用,后续会导致软件使用率低甚至闲置弃用的情况。

第二节　中国智能教育的发展特征

科技与教育的深度融合协作不仅能够更好地实现因材施教,提高教育教学效率,还有助于教学质量的进一步全面提升,有助于消除数字鸿沟,实现教育均衡协调发展,最终实现教育公平。

教育科技的运用不断渗透到教育领域的各个环节,从学生的学习、教师的教学到学校管理者的日常管理工作,全方位提升了效率,而教学活动效率的提高势必带来教学效果的优化。智能教育在教与学的阶段与知识图谱、人工智能、NLP等技术结合,构建了一体化、个性化的创新教学体系,并不断扩大智能教育的渗透规模,实现智能教育高质量发展。

与此同时,教育科技的蓬勃发展在招生、教学等环节逐渐得到较为充分的体现,人工智能教育一定程度上改变了教育内容的传递形式,通过规模化共享降低技术的边际成本并达到不同区域的均衡发展,而互联网、高科技等企业的参与也体现出教育科技在企业端的效益。

另一方面,国家持续出台的相关战略规划,指导着各单位加强智能教学生态的建设,为科学的人才培养服务,同时教育主管部门、学校、企业及教师都积极参与实施执行智能教育,共同创建革新的教育智能生态。

1. 国家顶层战略

中国的智能教育发展离不开国家顶层设计的战略指引。近几年教育信息化政策频频发布,这些政策都从国家战略层面,详细表明了不同时期大力发展教育智慧化以期实现教育现代化的国家意志,展现出当下智能教育对于我国的教育发展转型升级的重要性,同时体现出我国对人才培养科学性的追求。

2. 参与者落地实施执行

教育主管部门是智能教育建设的政策制定者和发展决策者。我国从2013年开始启动国家智慧城市试点工作,地方政府在智能教育建设中起到很强的支持作用,教育行政部门统筹相关机构也着手开展"智慧教育示范区"的建设。

学校是智能教育建设的主要推动者和实施场景的供给者,教育主管部门的政策落地主要依靠学校的具体执行。同时,学校全方位改善学生的学习体验,主要从硬件设施的更新升级和教学体系的创新改革方面着手落实智能教育建设。

教师是学校智慧化转型中关键的一环,我国正在通过应用提效减负的智能教育产品和对教师信息素养的培训等方式,使教师更快、更好地适应教育教学的革新。

企业是智能教育产品的供给者。智能教育产品相关的企业,不仅在产品的功能和使用上进行钻研,同时产品的推广和销售渠道也是各企业重点考虑的方面。

当下,智能教育有如下发展特征。

1. 按学历阶段分布的特征

当下智能教育聚焦于不同的学历阶段,即基础教育阶段、高等教育阶段和终身教育,从"人"出发。

基础教育是一个人从家庭中走出来并融入其他集体的第一步,在该阶段人们的需求是多样化的,一是在校学习各学科知识,二是身心健康发展。

高等教育阶段,由于学生的吃、住、学基本均在校园内,因此高校的智能教育建设是基于师生的各种个人信息和大量的数字信息资源而起步的。

终身教育则是突破正规学校框架的一种教育体系,它具有全民性、广泛性、灵活实用的特点,目前我国终身教育呈现出大规模、个性化、开放性的特点。

2. 通用型特征

各种新技术的发展和突破为智能教育建设的成果创造了非常好的外部条件,而不少关于教育人工智能方面的应用仍方兴未艾。

我国把教育信息化的发展早已提到国家教育战略发展的高度,除了政策的支持,同时也离不开校内校外的协同发展。我国智能教育建设上校内校外协同发展的特点,有效地促进了企业教育人工智能产品和校园智能环境建设的螺旋式向上发展,加速我国实现教育现代化的美好愿景。

应用智能技术开发的教育产品良莠不齐,目前市场上新的智能教育平台的推出往往会以一种信息技术为炒作的"噱头"。

智能教育落地依赖校园智能环境的建设和教师的持续使用,然而目前部分基层教师的排斥心理以及家长对新技术"空降"的质疑都阻碍着智能教育产品的持续使用。同时,由于我国教育发展的区域性特征明显和教育资源的不够均衡,相同的智能技术并不一定能达到规模化的落地,因此也对持续性提出了挑战。

在校师生、管理人员对智能教育理念的认同,对智能教育产品试用和深入落地的普遍接受,对智能教育新模式的认可,即信息化素养的全面提升是我国智能教育能够不断顺利发展的关键。

第三节　未来建设发展趋势

智能教育的发展,是信息技术越发智慧化与教育以人为本的追求这两者不断深度融合所催生出的教育新前景。新基建的技术不断渗透进生活的各个方面,其赋能下的教育行业未来如何发展,离不开家庭、学校和社会三方的教育目标,同时也离不开人的参与。

趋势展望一:教育与技术的深度融合需要时间的沉淀

教育拥有的是天然的"慢"属性。各主体在技术与教育的应用融合上仍然显得非常谨慎。技术的内核则是在降低成本的可能性下实现标准化、规模化甚至是个性化,技术和教育两者的内在追求正在逐步靠近。

趋势展望二:技术应用须在兼顾个性化和精细化的情况下服务于教育改革

多样的新基建技术逐步赋能教育产业,技术对教育的变革是多维度、高渗透、长期性的,对教育制度、教育模式、教育体系的革新具有一定的支持作用。教育大数据的内容丰富、繁杂、零碎,要求信息技术的落地更加精准并能满足个性化需求。智能教育的建设重点是放大技术优点服务于教育行业,如何提高技术落地于教学环节的精细化也是智能教育建设过程中的难点。

趋势展望三:企业须适应教育新生态,带来供给侧创新

智能教育企业必将适应教育新生态,服务于技术对行业的不断渗透。智能教育的建设涉及整个教育行业,从各个教学环节、各个受教育阶段以及各参与主体来看,都需要进行智慧化升级,企业需要找到自己的优势定位,保持积极开放的心态,合作探索新技术应用。

未来教育企业的产品设计应当朝着提供整合的智能教育全景解决方案,努力构建一体化、全景化、智能化教育学习系统平台,使得教育行业实现供给侧的创新。

第三章
智能教育建设路径与方法

　　人工智能的发展备受瞩目，而在教育领域中的研究与应用仍然刚刚起步，不少教育人工智能的研究与应用方兴未艾。因此，推动教育人工智能的发展，需要从建设路径与方法两方面出发。

　　建设路径主要从成熟度模型的建构出发，对智能教育提出发展目标和愿景，同时亦可动态评估教育的当前水平，有针对性地加以指导，从而促进智能教育的发展。建设方法主要从两个角度考虑，一个是基于应用场景的智能教育构建，目前，人工智能的特性本身在于更擅长实现明确规则与目标的任务。因此，只有抓住核心的应用场景，才能够在深度融合中单点优化，挖掘并实现实际价值，通过对智能教育的应用场景进行不断的改进与完善，实现更好的智能教育。另外一个是基于政产学研用体系的智能教育实施，"政产学研用"协同创新机制实现了政府、企业、高校、科研院所和用人单位等多创新主体的协作，把理论学习、社会实践、企业需求等有机融合在教育应用技术专业人才培养的过程中，以此推动智能教育的发展。

第一节　基于建设路径的智能教育成熟度模型建构

智能教育成熟度模型是依据人工智能成熟度模型，为了便于各校测评自身校园人工智能成熟水平而建构的关于人工智能教育成熟度模型，可应用于各个教育机构和学校评估自身人工智能教育应用水平程度。其模型包括了规划、实验、稳定、扩张和转型五个阶段，每个阶段有不同的目标与愿景（如图 3-1 所示）。

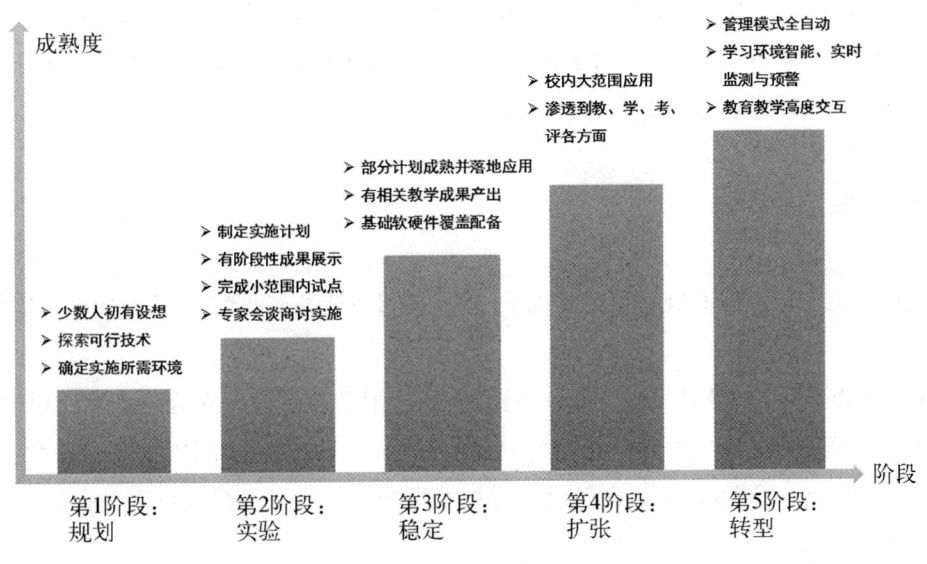

图 3-1　智能教育成熟度模型

一、规划阶段

- 有初步的人工智能优化教务工作计划；
- 探索可行性高的人工智能技术；
- 确定使用技术可达到的阶段性目标；
- 部署所需的软硬件支持环境。

在这一阶段，关于人工智能教育的设想与讨论都是初步的、阶段性的。学校开始着手规划如何使用人工智能技术优化教务工作，并根据校内教育需求制定了大致的框架，开始尝试探索其实施部署可行性。

二、 实验阶段

- 选定某种或几种可行性技术(如智能考勤系统、智能批改等)进行详细部署,制定出较为具体的计划;
- 有使用以上的技术后达到了一定效果的相关阶段性成果展示;
- 在小范围(某个班级或某几个实验室)内进行了试点,主要用于尝试验证其有效性和推论性;
- 邀请相关行业专家和校内相关教育管理者、教师开展讨论,以求更进一步发展与完善。

在这一阶段,会制定某个基础项目计划,项目也可能处于试点测试阶段。同时,可能有正式团队和非正式的团队为相关知识共享和早期的标准化工作进行讨论制定更详细计划。

这一阶段旨在证明人工智能教育发展到下一阶段的价值,这样才可以争取到校内大部分管理层认同与支持,以便开展下一阶段工作。

三、 稳定阶段

- 某些课程已开始使用 AI 智能语音助手、智能练习系统等辅助教学,并不断更新迭代(优化)教学设计;
- 有熟悉操作的相关教师及固定的、成熟的软硬件配套设备投入到这些落地计划中,如校园已实现 AI 终端管理校园环境安全,实验教室使用自适应学习技术支持学生进行个性化学习;
- 有完整的产出成果,如根据自适应学习技术里的学习数据进行分析后发布的相关研究文献、相关学科的教学设计等。

在这一阶段,通过测试、改善,不断地迭代更新得出一个较为完整的教学项目流程,且该项目得到了校内大部分管理层及相关技术人员的肯定,开始为人工智能教育项目制定配备相关教学环境,并有一定的政策文件保障。同时,有了一定的具有资质的相关人员、专家、最佳实践和技术可用于教学项目中。

同时,为了发展到下一个阶段(扩张),需要对成果进行多次更新迭代,以提高其可推论性。

四、 扩张阶段

- 在校内较大范围应用智能批改、智能机器人、自适应学习技术等,并对其产生的数据进行分析来促进教、学、考、评各个环节;
- 项目应用在相关行业或教研会内有所展示,能被一部分学校所认同并采纳效仿。

在这一阶段,包括优化过程在内的所有智能教育项目都需考虑价值传递问题,因此需要有具体的实施路径方法等作为成果展示与宣传,并已配备专业的人员负责分享和帮助其他学校本土化模仿提供建议方案。

五、 转型阶段

● 管理模式精细化。管理转型是智能教育能否成功的关键。AI技术使校园管理变成一个从信息采集、分析研判、咨询论证、规划决策,到执行监控,再到反馈调整的持续行动系统。同时也提供了广泛而精准的信息来源,使教务管理工作更加精准,发挥信息咨询和决策辅助作用,便于进行过程监控和动态调整,使教育政策能精准实施和动态监督,促进教育管理流程由碎片化走向集约化。

● 学习环境智能化,校园将变成万物互联的智能空间。人工智能会把冷冰冰的机器设备变成充满温情的"私人助理",通过不断学习人类的行为和习惯,提出针对性的辅助策略,帮助学生开展积极主动的个性化学习。如利用物联网技术对温度、光线、声音、气味等参数进行监测,自动调节窗户、灯具、空调、新风系统等相关设备,主动响应校园安全预警,保障学校各系统绿色高效运行,为学生创设安全舒适的学习环境;借助情境感知技术在自然状态下捕获学习者的动作、行为、情绪等方面的信息,精准识别学习者特征,全面感知学生的成长状态,提供学习诊断报告、身高体重走势图、健康分析报告等,为学生身心健康发展提供有力支持;利用大数据技术对学习过程进行跟踪,了解学生的认知水平以及在学习中存在的优势和不足,为其提供量身定制的最优学习路径。

● 教育教学个性化,利用数据和算法的力量来读懂学生、发现学生、服务学生,走向多元的教、学、考、评。每个学习者都掌握学习的主动权,人工智能可以帮助他们找到志同道合的伙伴和相互匹配的导师,推送适配的学习资源,提供精准的学习支持,从而开展积极主动的个性化学习。如使用智能助教开展高交互性的自主学习,并在学习者学习过程中及时反馈答题情况,推送各类个性化学习资源至学生个人学习平台。同时,还可以利用在线学习平台上追踪采集到的学生行为数据精准诊断或预测学习者当前存在的问题,预测其未来的学习表现,生成基于数据的评价报告反馈给师生,使教师能够根据报告调整教学实现精准的个性化教学,使学生能够针对知识薄弱点自我调节学习状态。

在这一阶段,AI技术渗透在教育的方方面面,促使传统学校(传统学校:以教师为中心、以讲授课、班级授课为主的学校)转型成智慧学校。在此阶段AI技术将大大提高学校的管理效率和教学的质量,颠覆传统学校的教学方法、教学内容、教学目标和评价管理方式,教学各环节趋向自动化、个性化。

第二节　基于场景的智能教育构建

智能教育依托智能技术实现物联化、智能化、感知化、泛在化、个性化的新型教育形态和教育模式,旨在提高教学质量和效率,促进实现教育公平,培养适应性人才。我国高度重视智能教育,中国教育正在走向智能化时代。目前,智能教育应用场景主要包括了智能环境、智能教学和智能管理三个场景,如图3-2所示。

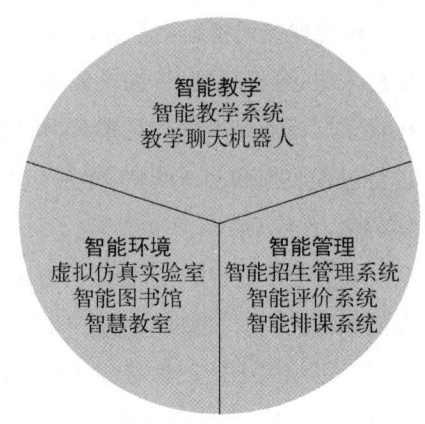

图3-2　智能教育应用场景

一、智能环境

智能教育环境指具备智能感知和交互能力的教学环境,可以进行多模态的教育信息采集,并满足多样化的学习需求。基于人工智能的各项关键技术,打造当前教育环境中的典型应用包括智慧教室、智能图书馆和虚拟仿真实验室等。

1. 智慧教室

"多媒体+网络"相融合的教室,在传统的多媒体教室中加入物联网、云计算、VR等网络技术,增强课堂交互功能,改善课堂学习环境,进一步促进智能化、个性化学习。智慧教室中利用物联网、人工智能、大数据等信息技术实现智能化教学及管理,根据不同的教学需求又将智慧教室划分多种场景应用类型,常见的三种智慧教室有:精品录播智慧教室、互动智慧教室、VR/AR智慧教室。目前,开放大学打造了线上线下教学、评价、数据管理一体化的智慧学习空间,就包括了小型录播间、精品直录播教室、VR/AR体验教室和基于5G技术的全息录播教室等多类智慧教室。

2. 智能图书馆

智能图书馆是将人工智能、物联网、大数据等技术运用到传统图书馆建设中而形成的一种智能化图书馆,是智能建筑与高度自动化管理的数字图书馆的有机结合和创新。它是以数字化、网络化、智能化的信息科学为基本手段,有着更加高效和便利特点的一种图书馆运行模式,为学习者提供了全方位和一体化的服务,通过知识的管理和共享,解决学习者的各类问题,并且为学习者在借阅过程中节约更多的时间,为馆员提供更加便捷的管理,让馆员为读者提供更加优质的服务。

3.虚拟仿真实验室

基于 VR/AR、人工智能等技术，设计的可以搭建虚拟仿真项目及运行所需的基础实验室。该平台具有以学生为中心的实验教学理念、准确适宜的实验教学内容、创新多样的教学方式方法、先进可靠的实验研发技术和持续改进的实验评价体系五个特点，采用泛在化、智能化教学模式，激发学生的学习兴趣和潜能，增强学生创新创造能力。

二、 智能教学

智能教学是指运用人工智能、大数据、学习分析等技术，使教学达到智能化的状态。人工智能时代的主流教育形态，是借助现代信息技术实现的、根据学习者个性特征为其提供精准个性化学习服务的大规模个性化教育。教师在知识掌握、认知能力、情绪管理、生理素质等诸方面的"缺陷"日渐暴露，基于人工智能的 AI 教学系统将是未来课堂教学中有效弥补教师缺陷、激发教师潜能的关键性"技术"，同时也是提高学习者学习效率、促进学习者能力发展的有效技术。目前，智能教学下的应用有智能教学系统、教学聊天机器人等。

1.智能教学系统

智能教学系统是由计算机系统担当学习者的引导者和帮助者，为学习者的高效学习提供条件；同时，也可以扮演教师的角色实施个别化教学，向不同需求、不同特征的学习者传授知识、提供指导的一种适应性学习支持系统。智能教学系统可以实现智能辅导、智能答题、智能出题与批阅、个性化推送、教育质量评价等功能。

2.教学聊天机器人

教学聊天机器人可以充当助教的角色，减少教育者工作量的同时辅助学习者有效学习。从学生在机器人课程中的学习结果的内外分类出发，可以得到机器人教学模式的两个分类维度：知识内容维度（学科本位与学科整合）、物化成果维度（自主控制与联机交互）。经由两个分类维度的交叉，可以区分出实验模拟型教学、趣味交互型教学、科学探究型教学和发明创造型教学等四类教学模式。

三、 智能管理

智能管理是在现有的教育管理信息系统基础上，通过统一规范、数据共享，在大数据分析和可视化技术的支持下，逐步将现有教育管理信息系统升级为包括业务管理、动态监测、教育监管与决策分析等功能的智能管理系统。在招生管理方面，实现线上报名、线索跟踪、招生活动和短信群发功能;在财务管理方面,实现学费缴纳、缴费核查、缴费提醒和可视化管理功能;在教务管理方面,实现 AI 智能选排课、调代课和课时统计功能;在课程评价方面,实现生成基于学习行为数据的精准化、可视化的相关测评报告。例如,目前应用广泛的智能管理系统有智能招生管理系统、智能排课系统、智能评价系统等。

1. 智能招生管理系统

智能招生管理系统是借助物联网、大数据和人工智能技术,实现校园招生智能化、科学化、精细化管理的信息化管理平台,能够实现新生报名、录取查询、信息录入、缴费查票等功能,形成区、校、班、学生协同数据同步,建立大数据基础。借助人工智能技术、数据分析及可视化方法,能够构建学校发展画像分析,同时基于大数据的分析及预测功能发现影响学校招生方面的显性和隐性关键问题,客观反映学校所处的水平,辅助领导决策,实现高效率、高水平的招生管理。

2. 智能评价系统

智能评价系统是一种使用人工智能技术常态化、规模化评价课堂教学的指标体系和评价系统。该系统主要依托信息化手段、人工智能技术,能将学生的校内外活动、自我评价、学生互评、教师评价与反馈、家长评价等数据进行全过程记录、全链条打通、全数据共享。同时,教师通过使用教育大数据的智能评价系统可以直观地了解学生的成长过程,便捷地分析学生的优势与短板,不仅有利于为教师减负,还有利于教师更加具有针对性地对学生进行评价及教育引导,实现个性化、精准化教学。

3. 智能排课系统

智能排课系统是基于人工智能等技术所设计的排课系统,通过设定基础数据、教师安排、排课规则和约束条件,进行排课,能够最大限度减少人工排课的工作量,同时实现对教学场地和教师资源的合理安排,最大限度地利用教学资源。该系统主要具有以下几个功能:(1)支持分层排课,课表个性化展示;(2)基于高效算法能及时解决学校排课所涉及的所有问题;(3)自动排课结合手动微调;(4)支持排课教师可以随时对排好的课表进行查询和修改,对临时的人事变动、特殊情况变化,以及不合理的课程可以在本系统的条件检测提示下进行调动;(5)课表考勤。

第三节　基于产学研用的智能教育实施

在我国,智能教育还处于探索阶段,需要建立政产学研用一体化的平台,凝聚社会各界的力量推进智能教育发展。2017年12月,工信部印发《促进新一代人工智能产业发展三年行动计划(2018—2020年)》,第一条即为"构建开放协同的人工智能科技创新体系"。2018年4月,从教育部印发的《教育信息化2.0行动计划》的要求看,信息技术之于教育的创新主要体现在"推动教育观念更新、模式变革、体系重构"。2019年2月,中共中央、国务院印发的《中国教育现代化2035》明确将"加快信息化时代教育变革"视作"十大战略任务"之一。因此,推动教育信息化发展,促进人工智能与教育的深度融合势在必行。当前智能教育的发展需要加快培养人工智能高端人才,而多方位、复合型人工智能人才的培养已经突破高等教育范畴,所有政府、研究机构以及全社会相关人士亟须参与其中,"政产学研用"协同发展已成大势所趋。

第一,推动智能教育,应始终坚持政府和企业在产学研用体系中的主体地位,同时发挥高校、科研机构的研发优势,进一步增强科研与产业化发展的协同度,如加大力度推进5G、学习分析等技术的发展。

第二,推动智能教育,需组成产业联盟,聚焦国家智能教育产业发展重点,例如智慧教室、智能学习平台等。

第三,推动智能教育,搭建产学研用一体化的平台,建立平衡实践与研究的人工智能教育生态体系,促进人工智能教育研究与实践的同步发展。

第四,推动智能教育发展,需加大人工智能高端人才培养。人工智能高端人才培养的三大要点,即培养学生的人工智能思维,为学生指引人工智能计算理论的研究方向,夯实学生进行人工智能实践的基础技能。

"政产学研用"协同发展是推动人工智能教育发展的催化剂和推动力。"政产"提供人工智能教育发展的科研方向和资金保障,"学研"实现人工智能教育发展所需技术的创新,最后将结合产业需求将人工智能教育落到实处以解决产业界"用"的问题,"政产学研用"协同发展是推动人工智能教育发展的必要措施。

本章节所介绍的智能教育的建设路径与方法,提出了基于建设路径的智能教育成熟度模型五阶段,描绘了智能环境、智能教学和智能管理与三个智能场景,并从"政产学研用"的角度出发简要描述了实施智能教育的路径。接下来的第四、五、六章,将分别从智能环境、智能教学和智能管理等三大智能场景出发,介绍一批人工智能(AI)等先进信息通讯技术运用于教育领域的数字化转型创新案例。

第四章
智能环境创新案例

　　智能环境是智能教学、智能管理的有力支撑。依靠此教学环境，可以进行多渠道的教育信息采集，满足多样化的学习需求。本章将介绍7个智能环境创新案例，分别是上海开放大学《智慧学习中心建设与应用》、复旦大学《5G＋IPv6创新教育信息化服务新模式》、上海交通大学《数字化智能教学环境　助力创新人才培养》、同济大学《智慧教学数字化生态体系建设》、上海大学《基于5G智慧教育项目的实践与规划》、上海纽约大学《智慧教室的设计与实践》、杭州师范大学《Web3D探究式学习环境的构建与应用》。通过这7个案例，展现人工智能时代下教学环境的发展现状，以期为智能环境的建设提供参考。

第一节　上海开放大学《智慧学习中心建设与应用》

一、摘要

　　上海开放大学围绕"智慧环境、智慧学习、智慧管理、智慧服务"四个核心要素，采用融合化的设备和技术，打通线上线下教学，建设科技先进、体验友好的示范性开放智慧学习中心。在当前教育信息技术不断发展的背景下，上海开放大学智慧学习中心以学习结果（Outcomes）为导向，以教学法（Pedagogy）、学习空间（Space）、技术（Technology）框架（简称 OPST）为基础，整合创设智慧学习中心，旨在解决"如何基于学习者特点组合智慧学习环境下的多种教学方式、空间和技术，实现线上线下融合的灵活教学，最终达到最优学习效果"的问题。其中，教学法为技术与学习空间相结合提供了方向；学习空间促进了教学法并将信息技术融于其中；技术反过来提高教学方法的应用效果，拓展学习空间的范围。

　　上海开放大学智慧学习中心以构建线上、线下全场景融合的教学为目标，以物联网、人工智能、5G＋全息直播、虚拟现实等各类新技术为支撑，通过构建物联一体、结合大数据分析等手段，为教师、学生、管理者提供多样、精准、智能的教学服务，为学习者在时间、空间层面上提供泛在、灵活、可选的学习方式，进而为学习者提供"现场、远程和同步、异步"等不同学习方式的混合选择，促进解决成人学习的工学矛盾，促进学生主动式的学习。

二、背景

　　上海开放大学依据智慧校园建设三年行动计划，围绕"智慧环境、智慧学习、智慧管理、智慧服务"四个核心要素，采用融合化的设备和技术，打通线上、线下教学，建设科技先进、体验友好的示范性开放智慧学习中心。

　　智慧学境的创设将决定智慧学态的形成，智慧学境应具有为学习者创建可过程记录、可情景识别、可环境感知、可社群联接等功能，促进学习者便捷、灵活和有效地学习。因此智慧学境是构建全民终身教育新体系的智慧载体，将使"人人皆学、处处能学、时时可学"成为现实。

三、 智能化创新举措

上海开放大学智慧学习中心运用物联网、大数据、人工智能等技术,为师生提供线上线下融合、课内课外融合、远程现场融合、虚拟现实融合的全场景教学空间和场所。

1. 物联管控

通过使用物联网技术,集智慧教学、人员考勤、资产管理、环境智慧调节、视频监控及远程控制于一体,实现减轻管理人员服务负担、提高师生服务效率及品质、提高教室设备完善率等效益。

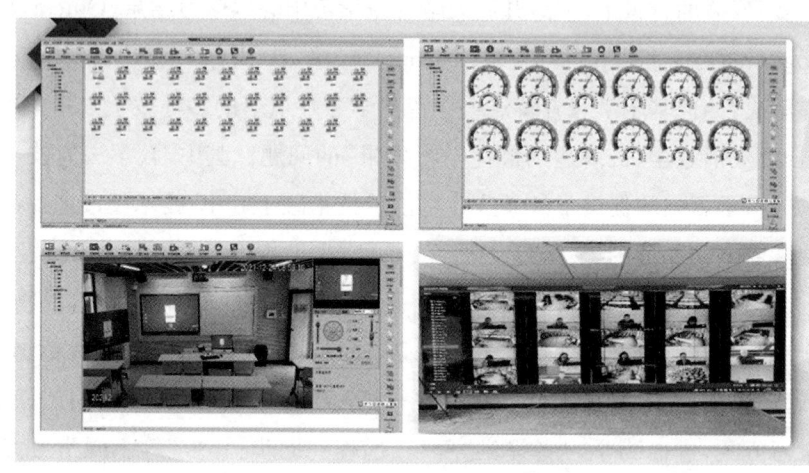

图 4-1 上海开放大学智慧学习中心——物联主控平台

2. 智慧课堂

打造体验强、支持泛在无缝学习的学习环境,为师生提供智能教学资源及支持服务,为学习者提供沉浸、可互动的学习体验。教学模式走向多元化,授导型、研讨型、远程互动等多种教学并存。线下智慧课堂:借助移动终端可方便地开展课堂;智能录制:多场景、多种教学模式的智能化采集;一键式操控:所有的操作通过触摸屏,方便迅速地实现模式切换;线上智慧课堂:针对教学流程设计的专业在线课堂工具,包含支持师生实时协作黑板,音视频实时互动,多端同步电子黑板,可支持全部学生摄像头轮播,支持 20 多种教学工具,课堂笔记及多种教学数据留存;多场景支持:一对一、小班课、大班课、双师课堂、网页大直播、会场直播等,满足在线授课、在线研讨、混合式教学等所有场景需求。

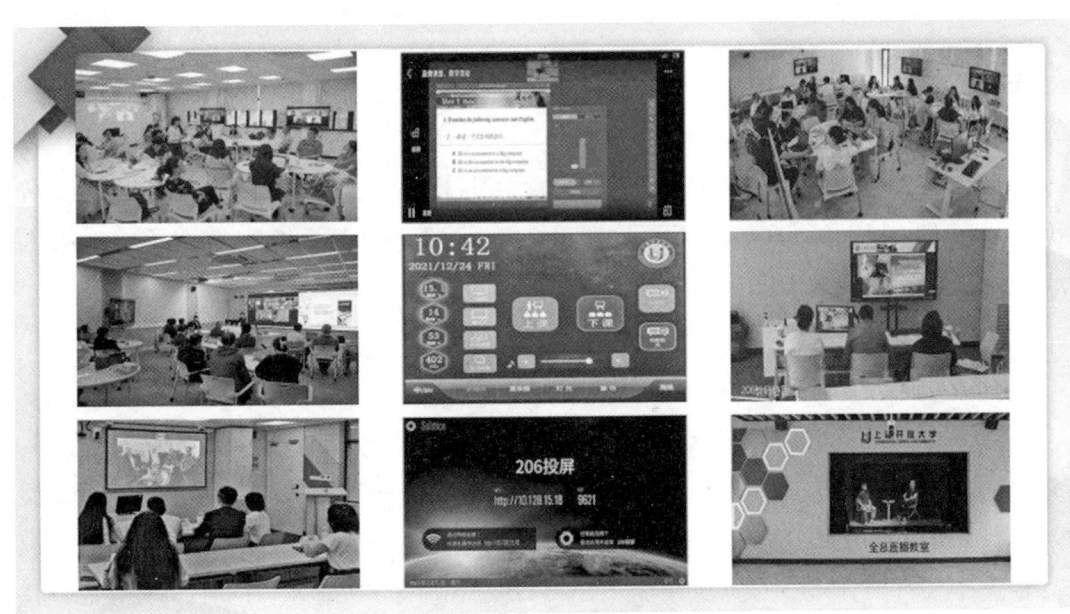

图 4-2　上海开放大学智慧学习中心——智慧课堂场景应用

3. 大数据分析

通过使用大数据技术,为师生提供覆盖线上、线下教学全过程的数据分析,建立在职学习者画像,实现全过程一体化智能分析,完成大数据画像可视化、学情大数据决策分析等大数据服务,实现大数据驱动的智慧学习质量评估监测,直接推动学校教学科学决策和发展,创新数据服务模式,反哺教学质量的提升。

图 4-3　上海开放大学智慧学习中心——大数据分析

四、主要成效

上海开放大学智慧学习中心融智慧环境、智慧学习、智慧管理、智慧服务于一体，打破了传统学习的空间束缚，适应学历教育、非学历培训和终身学习等不同教育场景，创造了一个多元、灵活、开放的学习空间，实现了线上线下实时融合的教与学。

1. 解决多种教学功能需求

上海开放大学智慧学习中心建有50余个不同类型的具备智慧学习功能的智慧学习空间，通过"远程音视频交互"、"线上线下融合教学"、"物联网技术"等多种科技配置，形成一个可控制的环境空间，支持教学、学习、实验、评价、管理等完整教育闭环，实现统一管理、互联互通、维护预警、远程查看、有序监管，满足公共服务、智慧学习、智慧实训等多元需求。同时，为构建总分校一体的智慧学习新空间，对上海开放大学城域网做了升级改造，架构扁平化，分校到总校的带宽进行了提速。在总校指导下，以分校智慧学习空间建设为基础，初步构建8家智慧学习分中心建设，实现了总校智慧教室和分中心智慧教室的互联互通、直播互动教学等功能。

<table>
<tr><td>双触控大屏</td><td>自动翻译</td><td>开放教学数字化实验室</td></tr>
<tr><td>横向智慧教室</td><td>计算机实训教室</td><td>人像抠图直播</td></tr>
<tr><td>远程互动教学</td><td>开大有课直播</td><td>远程答辩</td></tr>
</table>

图 4-4　上海开放大学智慧学习中心——各种教学场景

2. 支持多元混合弹性教学模式

形成能支持基础和风格不同的师生教学与学习的混合弹性教学模式,如下图所示,实现学习方式的弹性和适应性。适配并支持学习者选择适合其学习风格的方式,有效率有尊严地学习。从以教为主变为以学为主,打破线上和线下场景的界限,打造、验证并推广有效可行的线上线下融合的混合弹性互动教学模式,以实现学习方式的弹性化。

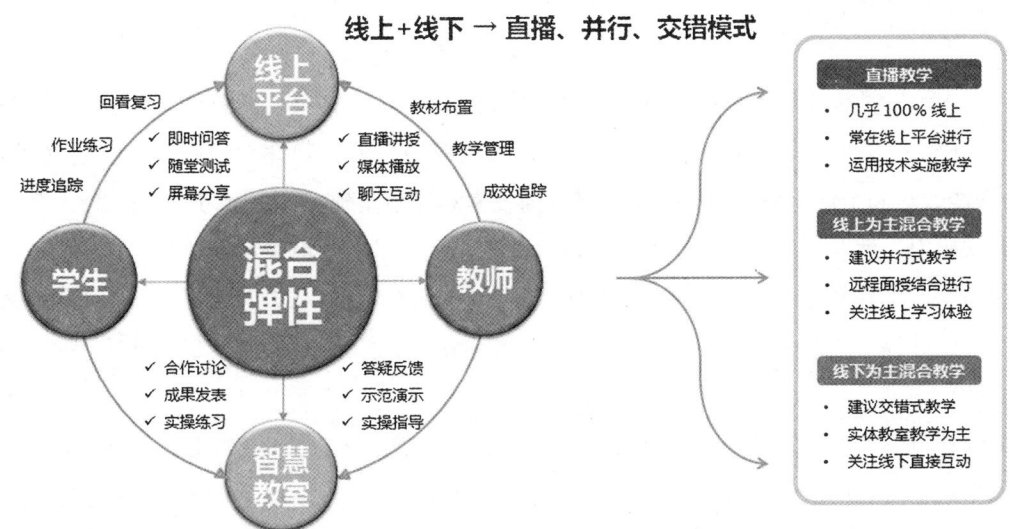

图 4 - 5　混合弹性教学模式

(1) 人机协同智慧教学,开展人机协同式的教学,通过学生群差异化情况分析,强化个性化学习效果,教师、学生和人工智能成为学习共同体。智能助教通过学习引导、增强讲解、教学互动、教学效果评价等方式构建可随时工作的协同式教学支持。

(2) 在线直播互动教学,满足在职学生不受地点限制的学习需求。教师可通过平台功能进行课堂互动多样化的教学,搭建互动情境,打破传统以静态课件文字为主、学生单向接受知识的线上学习形式,在直播互动课程中,学生可运用多媒体工具即时发表想法、参与投票答题、小组讨论等。

(3) 混合互动教学,支持部分学生在教室、部分学生在远程的同步协作学习。线下学生实操获得即时指导,线上学生参与课堂如临现场。以现场互动课堂教学和线上同步互动相结合,兼顾线上线下学生学习需求为在职学习者提供"现场、远程同步"的教学,促进学生主动式学习。

(4) 多师协作教学,构建总分校智慧学习支持服务体系,形成规模化可复制的智慧课堂规范。以总分校同步连线形式,实现发挥不同教师专长与特质的多师协作教学模式,给予不同学习进度学生有针对性、适时的指导;支持总分校集体知识学习、分组讨论发表。

(5) 自适应自主化学习,支持学习者不受时间限制地通过课程回放、在线资源学习等完成异步学习,根据学习结果推荐相关资源。

3. 解决高效教学管理需求

智慧教学观摩空间可以实现远距离听课、评课等活动，为智能化、集约化、高效化教学管理和教学督导提供基础。智慧教学观摩空间可以实现大数据收集、统计、分析和可视化功能，帮助教师掌握学习进度和成效，优化教学环节，改善教学质量。

五、 实践成果及后续行动

针对上海开放大学在职学习者工学矛盾问题和远程教育准永久性分离产生的教学困难问题，上海开放大学智慧学习中心构建了一个支持大规模精准混合弹性教学的泛在化智慧学习平台，为智能教学和个性化精准服务提供了有效的技术和环境基础。智慧学习中心自 2020 年 10 月建成以来吸引上海及国内其他省市的教育信息技术相关人员教师前来参观学习，其中在 2021 年，总校智慧学习中心共开展各类会议 241 场次，接待 82 批校外同行参观学习人员，共计 990 余人，受到了广泛好评。在教学方面，已开展总分校直播 1 万 4 千次，总时长超过 2 万小时，学生直播满意度 98％。

后续智慧学习中心将从 P、S、T 三个维度持续优化。教学法方面，更加注重学习效果为导向，优化线上线下融合的灵活弹性学习方式和多种学习模式的组合；空间方面，进一步打造"下一代数字环境"，实现能够以线上线下混合同步或异步方式，为更多学生提供灵活的学习体验；技术方面，基于区块链、多模态大数据分析、全息、5G 等新技术，建立可信任的技术支撑体系。

第二节　复旦大学《5G＋IPv6创新教育信息化服务新模式》

一、摘要

近年来,新技术的快速发展给教育在不同方面带来了革新:教育环境更智慧、教育信息更流通、教育业务更协同、教育资源更均衡。上述特征的实现有赖于5G时代以人工智能、虚拟现实、大数据为代表的技术的成熟和应用,而5G网络环境为上述技术的实现带来最大的优势是可以最大程度上克服传统网络在实现上述技术创新过程中速度、延迟、传输容量等限制,为教育领域的变革提供了更强大的动力。

复旦大学以5G为首的新基建为契机,以IPv6协议为载体,开展促进5G＋IPv6与人才培养、学术研究、学校治理和公共服务的深度融合,创新教育信息化服务新模式探索。学校利用5G和IPv6技术,通过VR仿真教学、智能一卡通、智能空间管理、数据共享云平台等项目手段,驱动教育教学模式、科研协作模式和校园治理模式的全面升级,持续加强5G＋IPv6对教育核心业务的支撑能力,打造全员、全过程、全方位育人的现代化育人环境。

二、背景

为贯彻落实国家在"十四五"规划中提出的"加速5G网络规模化部署"的要求,复旦大学根据《教育信息化2.0行动计划》、《IPv6流量提升三年专项行动计划(2021—2023年)》等文件的要求,以新发展理念为引领,以信息化为主导,以5G新基建为契机,以IPv6为载体,面向教育高质量发展需要,深入应用5G、IPv6、人工智能、大数据、云计算、区块链等新一代信息技术,推动学校数字化转型。

复旦大学与三大运营商合作建设5G＋IPv6虚拟校园网,利用IPv6海量地址和安全性,以及5G低时延、大规模、高可靠的特点,辅以边缘计算、CDN、AAA认证等技术,建立无边界的虚拟校园网络,方便师生用户在校外更便捷、快速地接入校园网络,使用校内资源,并能安全、高速地接入数量众多的物联网设备。

申请使用复旦大学5G虚拟校园网的用户,其终端从运营商5G网络接入的所有流量由运营商进行分流,其中IPv4公网流量由运营商网络承载,IPv4校园网流量和IPv6所有流量通过专线连接到复旦大学校园网。

三、智能化创新举措

1. 通过 VR 技术实现仿真教学

通过 VR 技术实现仿真教学项目，以 5G 校园网为基础，充分利用 5G 低时延、高带宽的显著优势，全面创新实验教学方法。通过让学生深度融入高度仿真的虚拟空间中，达到对肢体动作、语言、声音和各种教学设备的反馈的"真实"传递，让在不同地域的师生，实现真正跨越空间和时间的沉浸式互动教学。加入 5G 技术后，该教学方式可以进一步推广到各种实验场景，不再受到网络的限制，提升了教学的移动性和灵活度。此外，这种教学方式对于时延的要求极高，目前通过学校独享的 UPF 设备，已可以实现低于 10 ms 的网络时延，从而为更加复杂、功能更强的仿真教学提供基础条件。

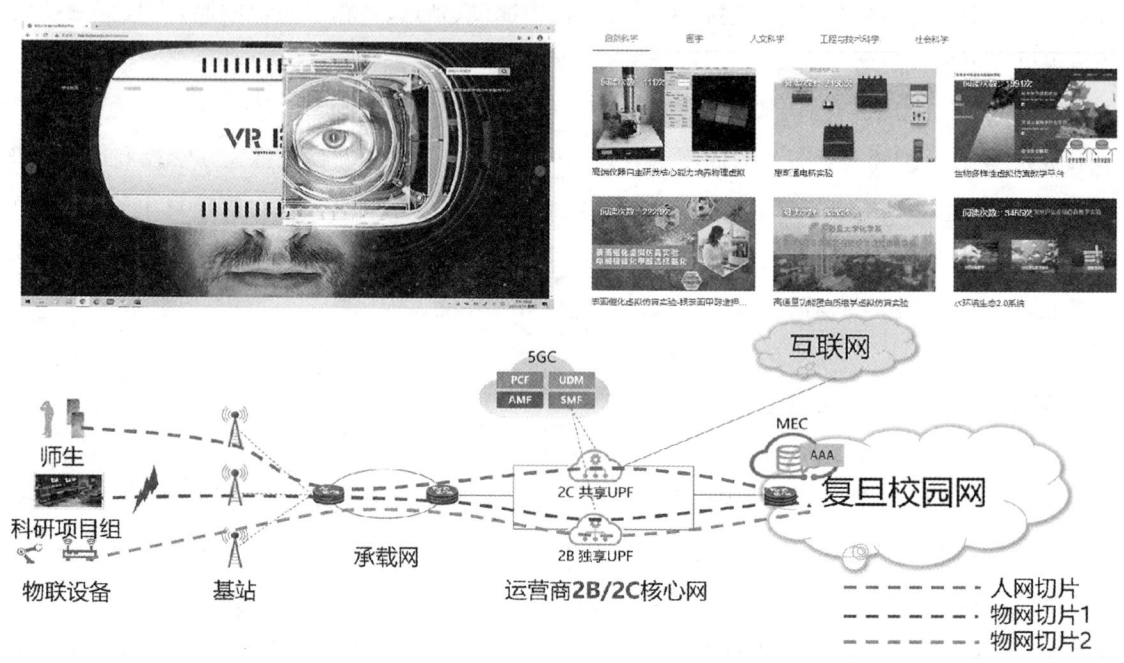

图 4-6　5G＋VR 虚拟仿真实验教学项目

2. 通过智能一卡通畅游智慧校园

实行疫情防控期间，基于 5G 的稳定传输，在刷卡设备中插入 5G 卡，实现人员进出校的身份识别管理。结合大数据分析技术，利用 5G 的高性能传输特性，可对同一时间段的刷卡人员进行统计分析，用于辅助对密接人员的溯源判断。基于 5G，试点移动智能餐车服务，利用 5G 的广覆盖，让餐车可以在校园的各个角落移动。推广基于 5G 的智慧点餐应用，通过传感器、摄像头来实时采集终端及人流信息，并在短时间内完成传输处理，食堂据此可以进行精准的人流统计、准确读取每个用户的标签,分析消费习惯和用餐习惯。

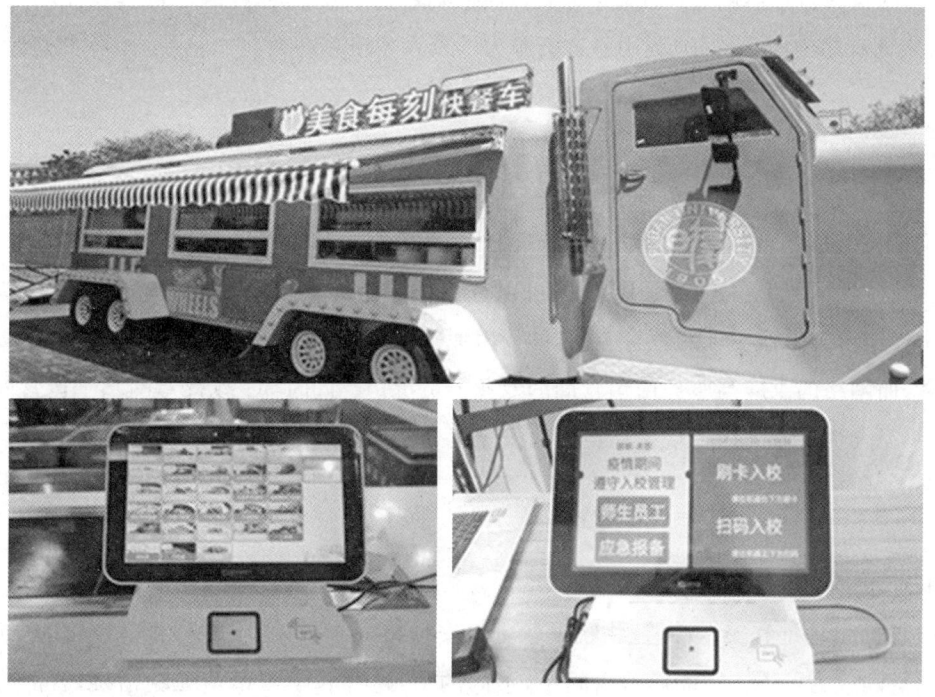

图 4-7　智能卡服务应用场景

3. 依托物联虚拟网的智能空间管理

构建基于 5G 的物联虚拟网,实现资源平衡利用的绿色校园。利用 IPv6 技术,通过物联网及支持海量设备链接的 5G 网络,实现对各类设备的高效、有序管理,不仅能提高校园的整体运行效率,降低运维成本,还能及时反映设备运行使用情况,为后续投入改善提供依据支持。例如通过布置智能插座、智能电表、智能水表等设备,实现对能耗的精准管控,准确获取每个端口的能耗数据信息;将 5G 网络接入智能电梯,电梯实时位置、异常情况、无线上网功能、智能语音视频通话不会受到信号干扰,从而保障乘梯体验及社交完美互动。同时,对校内智慧教室进行试点升级,将门、窗、灯、多媒体设备进行智能化控制,通过统一的校园设备运维管理系统,实现随时随地对各类终端的远程管理控制,优化设备故障排查流程。试点利用 5G 高速率传输特性,建设学生宿舍巡检移动端应用,对接现有的学生宿舍管理与服务系统。

4. 5G+IPv6 科研服务创新

复旦大学现有多个学科点和附属单位,数据传输一直是各团队之间开展联合研究工作的难点。目前学校正在研究采用 5G 虚拟校园网的方式支持数据交换服务。通过 5G 的高速通道,连接学校、附属单位及校外数据中心,将大量数据资源安全传输到校内云平台上,供师生进行前沿课题研究,同时部分初见成效的课题项目数据也可以共享给各联合单位进行落地尝试,形成双向交流、协同创新的新合作模式。此外,基于5G虚拟校园网,师生也可以进行远程互动教学、AR/VR远程实训观摩学习,更好地利用各方资源为学校人才培养助力。

四、 主要成效

1. 简化网络服务,打造无边界的校园专网

师生在校外区域不再需要使用VPN可以直接登录访问学校平台业务,5G虚拟校园网利用切片技术搭建符合学校需求的教育专网,学校由原来的校园网络搭建者、维护者转变成教育网络的使用者,而网络的供应与服务由运营商的专业人员承担。同时5G教育专网基于运营商公网改进而来,可完全借鉴电信级大规模通信网络安全运营经验,让学校获得来自运营商的电信级安全保障服务。

2. IPv6护航,构建"人-机-物"三元体系

IPv6的海量地址和安全性,让物联设备可以安全接入、不再受限,使"人-机-物"三元互联的智能学习空间成为可能。智能学习空间中,不同的学习空间、学习情境无缝衔接,智能终端全连接、相互协同,实时感知教师、学生的需求,提供适应性服务。智能服务空间中,设备终端分布广泛、数量众多,通过IPv6为每一台设备提供一段/64前缀地址段,不仅可保证终端快速自动获取地址,且便于对终端溯源,提升安全性。

3. 发挥高校教育资源优势,实现优质教育资源共享

通过5G+虚拟仿真异地实验教学,通过"5G+高清摄像头+人工智能"搭建远程教学教研视频会议,实现跨域资源共享,同步教学教研。复旦大学经常会组织专家特色公开课等,通过5G+远程互动直播让其他学习者能够远程学习复旦教育资源,实现优质教育共享。

4. 推动多学科交叉融合,赋能产学研合作

基于5G实现远程医学互动直播课堂、AR/VR远程手术观摩学习等;同时前沿的课题研究也可以在医院临床尝试落地,打造医生和学生双向交流、远程协同合作的新模式。

第三节 上海交通大学《数字化智能教学环境助力创新人才培养》

一、摘要

近年来,上海交通大学不断加大推进智能教学环境建设与应用的力度、广度和深度,尤其是2019年以来对东中院、东下院教学楼进行升级改造,提升教学环境舒适度和便捷度,以及教学设施设备的智能化,实现从看得清、听得清到看得舒适、听得舒适,以"应用为导向"打造数字化智能教学环境。经过空间重塑,营造出积极向上、开放灵活的空间体系,支持灵活开展各种教学活动。同时通过自己开发部署在线教学平台等各类教学信息化平台和工具,更好地实现了课内课外、校内校外、国内国外、线上线下的教学融合。

二、背景

上海交通大学围绕"立德树人"的根本任务,践行"学在交大"的育人理念及培养创新人才的目标,近年来不断加快教育信息化的建设步伐,研究智能教育发展趋势,实施教育部《教育信息化2.0行动计划》和学校"双一流"建设方案的目标要求,打造教室的数字化环境,建设新型在线教学平台赋能学生学习,推进教学评估数字化,统筹推进教、学、管、评应用场景的创新建设,促进学生学习,助力培养创新人才。

三、智能化创新举措

1. 智能教学环境建设

（1）智能设备管理

学校对近500间公共教学楼教室的设备进行了升级换代,进一步提升师生的视听体验。同时,对教室配置智能终端管理系统,集中控制教室的电脑、投影、音响等设备的开启和关闭,对接本科生和研究生教学排课系统,根据排课时间预设设备开启的时间。实现设备自动化,并形成预警机制,提前发现问题,提前干预处理。

（2）环境实时监控

教室加装各类传感设备，用于实时检测教室环境变化，根据照度传感，控制灯光设备；根据温度传感，控制空调设备；根据 CO_2 浓度传感，控制新风设备。

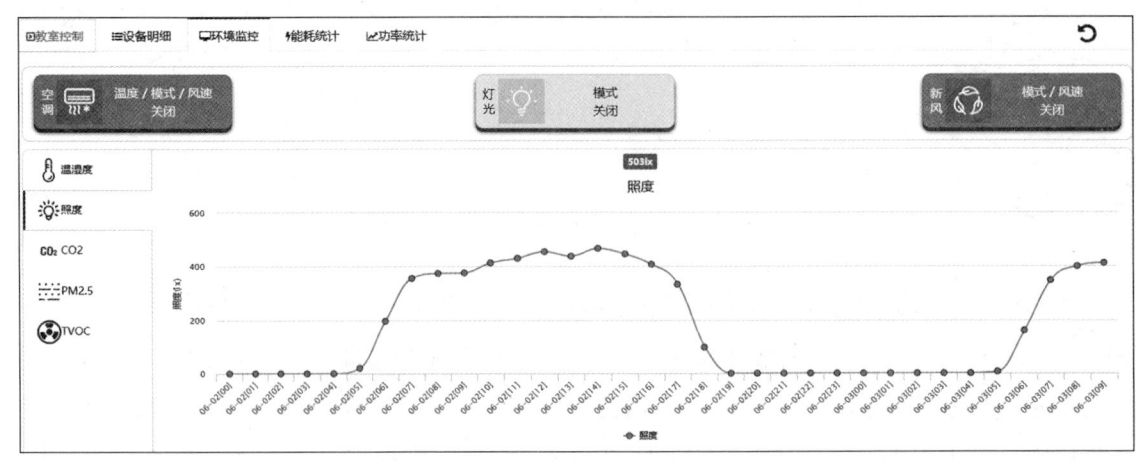

图 4-8　教室环境监控

（3）黑板数字化

学校建设 10 间互联黑板教室，满足以公式推导演示为主的课程的书写需要，使普通黑板书写的字幕能够清晰放大呈现，实现书写的轨迹实时数字化，并可以在云端教学平台存储、回看。

图 4-9　互联黑板教室

（4）人数智能统计

优化教室资源分配管理。信息发布系统根据教室的人数智能统计，分析各个教学楼的教室使用率，及时调整教室资源的分配管理，可及时开启和关闭自修教室的数量，做到动态调整，提升服务管理的效能。

图 4 - 10　教室信息发布系统

2. 智能教学空间建设

（1）教室多屏互动

为满足基于小组学习的课程需要，教室空间按照小组划分为 6 个区域，围绕着教师讲台和小组共配置有 8 块屏幕，这 8 块屏幕既可联动也可独立使用。在开展教学活动时，教师能够广播自己的屏幕，学生也可以按照小组活动安排，将小组讨论结果和作品投影到其他组。师生之间，生生之间均可通过移动终端进行课堂互动、作业展示、同伴互评等多种教学活动。

图 4 - 11　多屏互动教室

（2）线上线下融合课堂

2021 年，上海交通大学启动"交·通全球课堂"计划，学校改建线上线下融合式教室，海外学生可跨校学习交大高水平高校的优质教学资源。教室采用易用、易接入的软硬件技术方案,配置远程会议系统,根据师生的实际教学场景配置4块高清大屏、教室跟踪摄像头、高品质音响系统等。海外学子在线上上课时,能够清晰地看到教室全场景、同学视频画面、教师视频画面、板书、教师计算机画面,同时线下的师生也能通过大屏幕充分地与线上学生进行讨论交流。

图4-12 全球课堂示例

(3)上课即直播

为积极应对教学场景复杂多变的情况,上海交大建设了大规模自动直录播平台,在430余间多媒体教室内安装智能跟踪直播设备,并接入云平台统一管理。在教室中:一是自动采集课堂的音视频,通过内置的图像分析芯片自动抠像,实现教师授课场景的智能跟踪。二是自动捕捉教师计算机的课件画面。将这两路信号同时直播,线上的学生能够看清教师肢体语言、黑板板书、课件画面,并能自主在教师板书、教师计算机的课件画面间自主切换,从而呈现课堂全貌。此外,直录播平台对接教务信息数据和在线教学平台,自动按照课表进行直播,师生无需进行相关设置和记录各类登录密码,通过一个平台入口即可观看课堂直播,平台还自动保存课程视频,供学生复习回顾。

3. 教学平台助力混合教学开展

Canvas@SJTU在线教学平台,贯穿交大师生的课前课中课后教与学的全过程,支持课件分享、作业提交、分组讨论、同伴互评、在线测验、学情数据采集分析、多元教学评价等功能,为混合式、研讨型、个性化、进阶式的创新型学习过程提供了有力平台支撑。

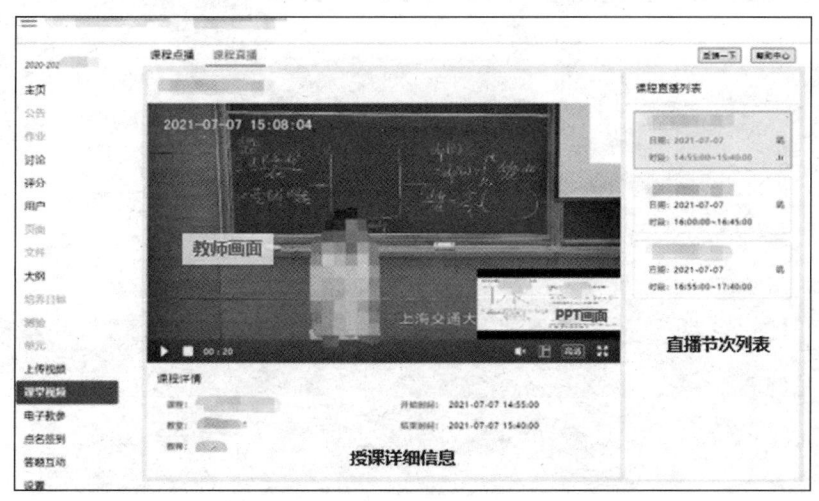

图 4-13　课堂直播

4. 依托课程督导系统实现在线教评

学校建设了交大在线教学督导平台,将全校近 500 间教室全部纳入在线督导平台。课程督导员进入在线督导系统后,可以按照教学楼地图进入某个教室,在线旁听直播课程。在线督导系统还可提供课堂教学的教师授课画面、学生课堂听课画面、授课教师的 PPT 画面,督导员可以 360 度无死角地观测整个上课过程,并可以在线做评价,实现更智能地"评",促进教师的专业发展。

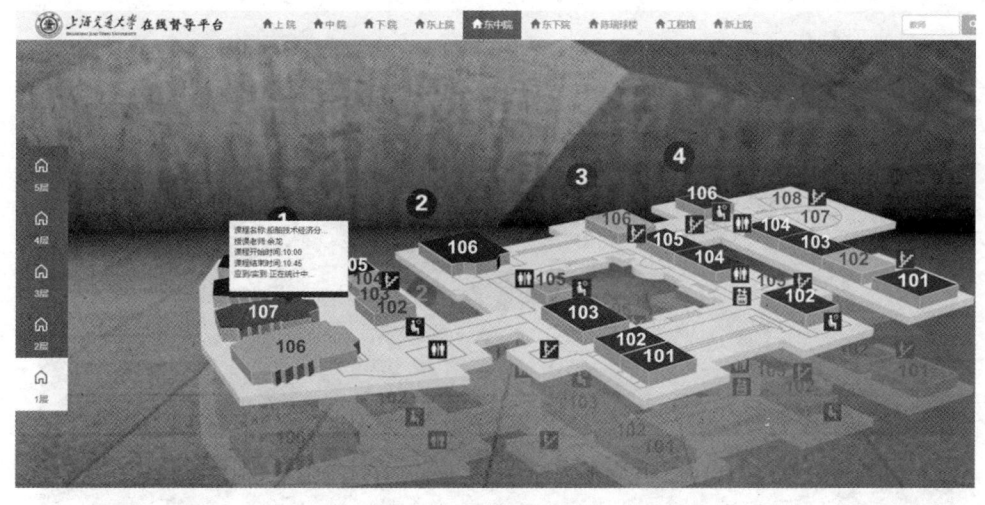

图 4-14　在线督导地图导览

图 4 - 15　课程督导画面

四、主要成效

1. 教学服务精准化，创设良好育人环境

（1）精准化管理教室设备。在师生进入教室前，各项设备已根据课表提前开启，做好各项使用准备，并保障教学服务稳定运行。

（2）精准化配置教室资源。根据教室使用数据分析，动态调整和管理自修教室的开放和关闭，学生可以手机端查询自修教室情况，智慧教室已经成为学生非常喜欢的自修场所之一。

图 4 - 16　教室自修画面

（3）精准化服务促进节能减排。既能让师生在教室中待得舒适，又能保证如新风、灯光、空调等设备根据每天的天气自动调节，达到节能的效果，保证师生身心健康、营造良好的绿色育人氛围。

2. 多形态的智能教室，助力多元化教学

云录播教室、全球交大教室、多屏互动讨论教室等多形态的教室为教师各类教学模式的开展提供有力支持，通过多屏互动、远程连线的技术方案，线下的师生和线上的学生可进行实时交互，增加了学生的临场感，减少了线上学生的孤独感和隔离感，打造交互体验良好的交大课堂。

图 4 - 17 "交·通全球课堂"教室

3. 丰富课程视频资源，助力教学相长

课堂云录播拓展了教与学的时间和空间，将课堂延展至45分钟之外，为有效的教与学提供了重要的资源保障，形成了丰富的优质课程资源库。视频资源主要用于在线上课、课后重难点回看、课后复习，教师自身的教学情况观测和改进，为促进教学质量提升、线上与线下的混合式教学改革提供了资源保障。

4. 智能化记录学习过程，关注学生的过程性评价

学校为师生提供有效的学习管理平台，为教师和教学管理人员从关注结果的评价转变为注重过程性的评价，提供有效的手段和依据。学生通过在线教学平台进行学习活动时，平台的学习过程记录和管理，支持学习的整个过程，为过程性评价提供了客观依据和观测方法，有助于教师

对学生的学习过程进行及时的诊断和帮助。

5. 教情学情分析和可视化呈现,促进人才培养

教情学情数据的分析和可视化呈现,可以为教师提供教学情况报告、为学生提供学情报告、为教学管理者提供分析决策报告等。各学院通过教学平台可以随时掌握学院课程访问、资源访问及成绩分布等情况。教师通过课程分析可以随时掌握作业提交、成绩分布、资源访问等情况,以便及时进行学习干预。学生可以通过个人自我分析,掌握自己的作业提交、成绩情况,方便自我评价,及定制个性化学习方案。

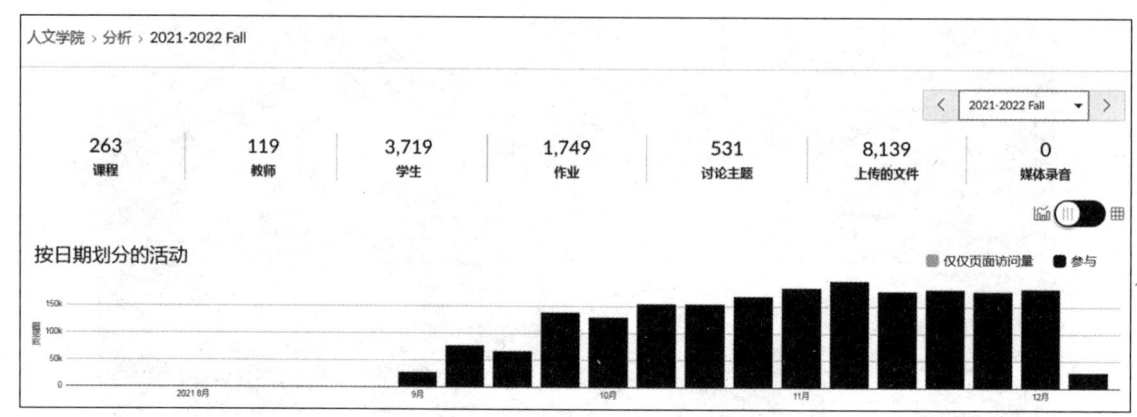

图 4 - 18　学院课程及访问情况

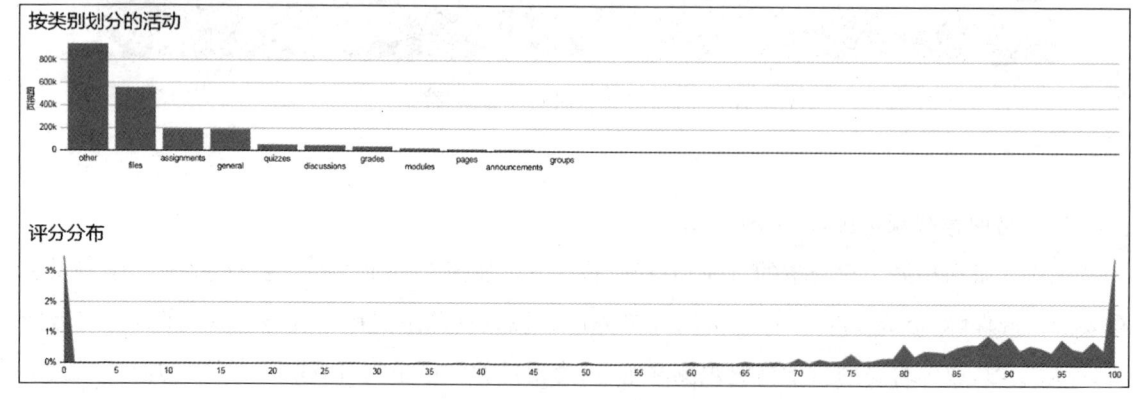

图 4 - 19　资源访问及成绩分布

五、 实践成果及后续行动

上海交通大学围绕智能教学环境建设,打造融合线上线下的智能教学系统,支持教学过程评价,为个性化教学和学习提供支撑。在线教学平台 2018 年至 2021 年开设课程 17 531 门,累计为

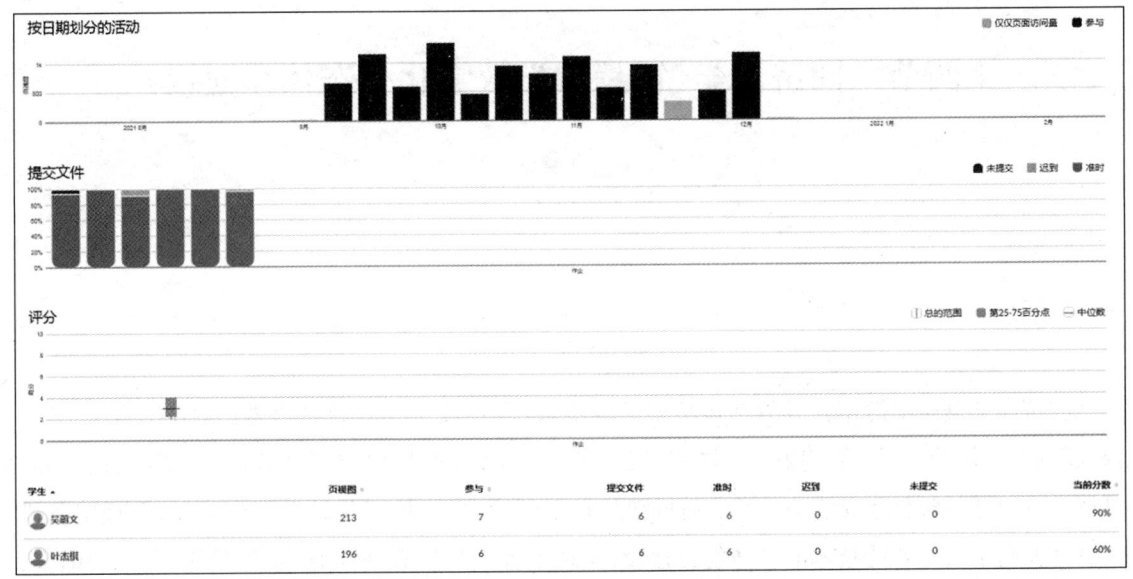

图 4 - 20　教师课程学习分析界面

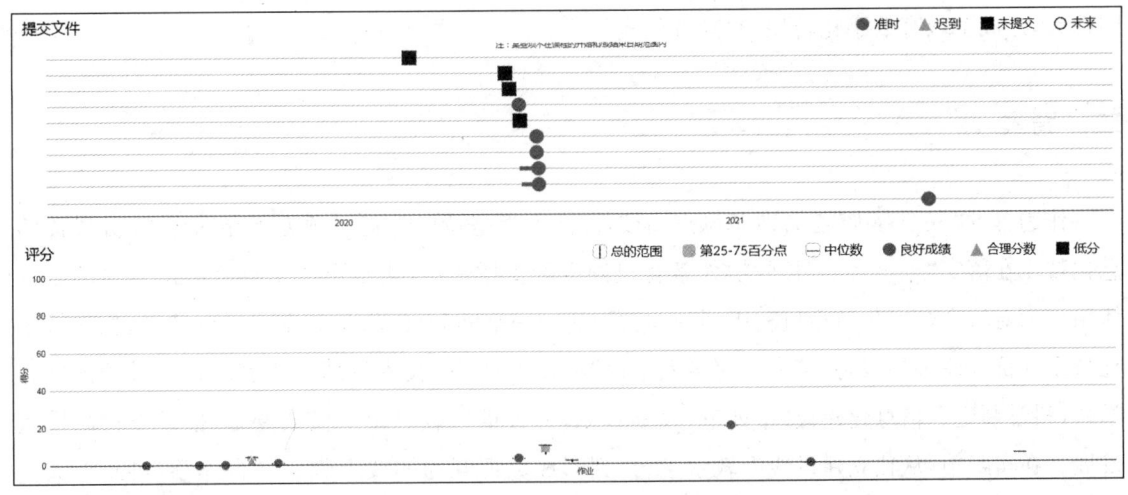

图 4 - 21　学生自我评估

教师 1.11 万人次、同学 13.85 万人次提供在线教和学支持,教师布置作业 10.19 万个,开展测验 39.54 万次,讨论主题 5.97 万个。

未来上海交通大学将围绕教室、平台、资源、数据四个方面持续开展智能化教学支持服务,以智慧教学环境提升课堂效率,以智能教学平台和资源支持更为广泛的混合式教学,依托课堂教学和在线教学过程的大数据分析,持续促进教学模式改革,不断促进教学质量提升。

第四节　同济大学《智慧教学数字化生态体系建设》

一、摘要

同济大学紧跟上海市教育数字化转型的脚步,以教育教学模式改革为核心,结合学校"三全育人"试点工作的开展和信息化工作"十四五"规划的制定,逐步建成了开放的、共享的、包容的、可持续的智慧教学数字化生态体系:通过智慧教学环境建设、数字化教学平台建设、管理服务机制设计及基于人工智能技术的智慧能力建设,实现了各平台间数据互通、业务互联,为全校师生、全部教学环节、全部教学场景提供数字化支撑,为智慧教学场景更新、模式创新、评价体系革新提供了孵化空间,打通了教育教学对象与教育教学环境间相互影响和作用的路径,融入学校智慧校园建设,形成了教育数字化转型的"同济模式"。

二、背景

作为首批"三全育人"综合改革试点高校,同济大学坚持以党建引领为指导思想,充分发挥信息化技术在落实"三全育人"长效协作教育机制中的支撑作用,逐步形成了具有同济特色的教育体系。面对教育数字化转型过程中涌现的教学活动跨空间开展、教学数据跨平台共享、教学效果全数字评价等诸多挑战,同济大学立足人工智能、大数据、5G 技术等新一代创新技术及校内优势学科,科学制定了信息化建设"十四五"发展规划,积极推进教育教学模式变革,推进教育高质量发展。在实践中,从独立建设线上教学平台,到形成数据互通的线上教学平台体系,再到形成开放的、共享的、包容的、可持续的智慧教学数字化生态体系,实现了智慧教学的全员、全过程、全方位的覆盖,完善了教、学、管、测、评的教育教学数字化闭环。

三、智能化创新举措

同济大学智慧教学数字化生态体系架构如图 4-22 所示。

截至 2021 年底,学校已建成"三楼一中心"的智慧教学物理空间格局,智慧教室数量已超公共教室总数量的 40%;针对其他公共教室进行了智慧化提升,使全校近 450 间公共教室全部支持线上线下融合教学和常态化录播功能。泛在的 5G 校园网、云网融合的计算资源、数字中枢及应用

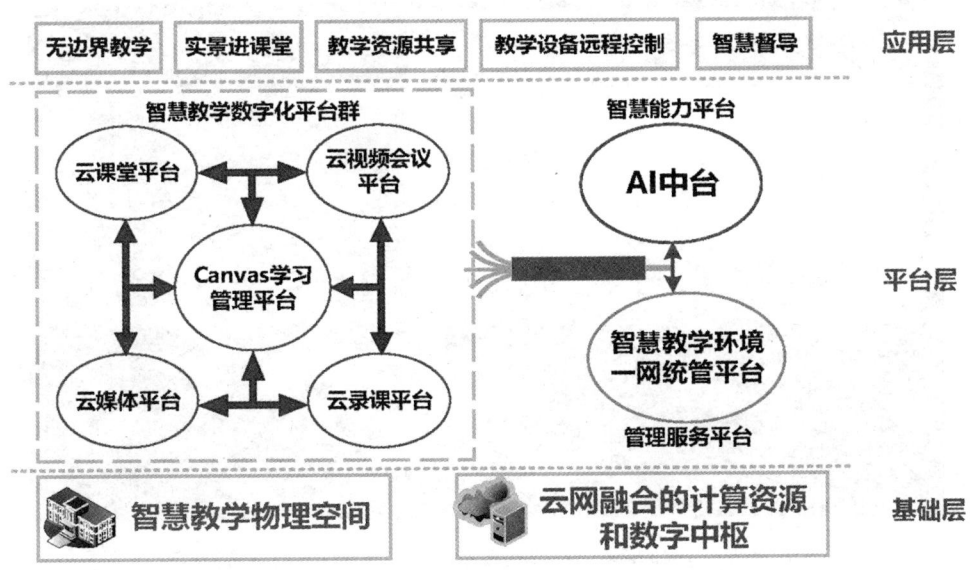

图 4 - 22 同济大学智慧教学数字化生态体系架构图

平台为智慧教学数字化生态体系提供了扎实的数字基座。在物理空间和数字基座的基础上,学校开展了如下智能化创新举措。

1. 数字化教学平台建设

以 Canvas 学习管理系统为核心,学校建设了云课堂、云视频会议、云媒体、云录播等一系列平台,协同保障全校师生、全部教学环节、全部教学场景内的数字化教学,并结合同济大学的特点形成了如下创新模式。

(1) 无边界教学

打破时空限制,跨时段、跨校区互通优质课程、高端师资等教育资源,实现了教育资源跨时空共建与共享。Canvas 学习管理系统贯穿课前(课件阅读和准备等)、课中(课程直播与互动教学等)、课后(作业评测与在线测试等)的教学全过程,并配合云视频会议、云媒体、云录播等平台提供的线上互动功能和教学资源共享功能,保障了国内国外、校内校外、课内课外、课前课后、线上线下的无边界全场景教学。

(2) 工程实景进课堂

充分发挥同济大学在工、理、医等领域的学科优势,连接理论课堂与工程实景、医疗实景、复杂实验等,将同步实验教学与互动问答相配合,通过实时互动与同步操作提升教学质量。从上汽大众生产流水线,到特大斜拉索桥施工现场,再到同济附属第十人民医院的急救科,仅 2021 至 2022 学年第一学期就有近 50 门课程将工程实景带进了课堂,融入了专业教学环节,形成了成熟的技术保障方案。

图 4-23　教师在线上对智慧教室内学生及线上学生开展教学

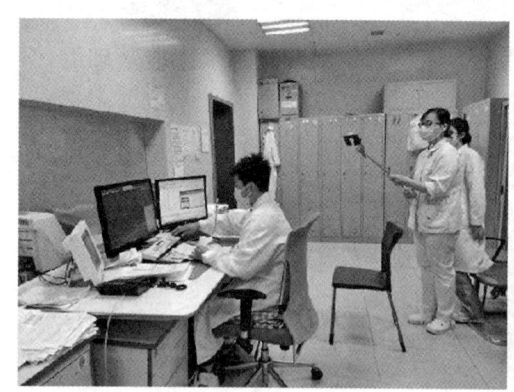

图 4-24　医院急诊科实景走进医学院护理学课堂

（3）名师优课全网共享

通过云媒体平台和云视频会议平台提供的直播和互动功能，将名师讲授的通识类经典课程、专家讲座、学术交流活动进行全网直播，扩大了知识的传播范围，实现了"同济智慧"的开放畅享。例如，研究生院"高等讲堂"每年向校内外师生提供超过 100 场高水平的学术讲座，每场参与人次超千人；中国科学院院士、同济大学海洋与地球科学学院汪品先教授开设的公共选修课《科学与文化》在多平台同步直播，8 次课程平均每场有超 10 万人次观看。

2. 基于人工智能技术的智慧能力建设

（1）AI 中台建设

2021 年，学校与腾讯合作建设了"同济大学 AI 中台"，此平台一方面用于处理教育教学过程

图 4-25　院士面向全平台开放的直播课程

中在智慧教学环境内积累的海量多源多模态数据,为教学督导、教学观摩学习提供科学性的支撑;另一方面作为学校数字中枢的关键组成部分和核心智慧能力,可利用其集成化的人工智能算法和计算能力,支撑校内多样的智慧化业务及应用。同济大学 AI 中台的建设标志着"同济大学智慧教学大脑"建设进入了实质性阶段,并将在教育数字化转型进程中逐步发挥引领作用。目前已有近 30 门课程试用了同济 AI 中台进行教学行为分析和智慧督导。

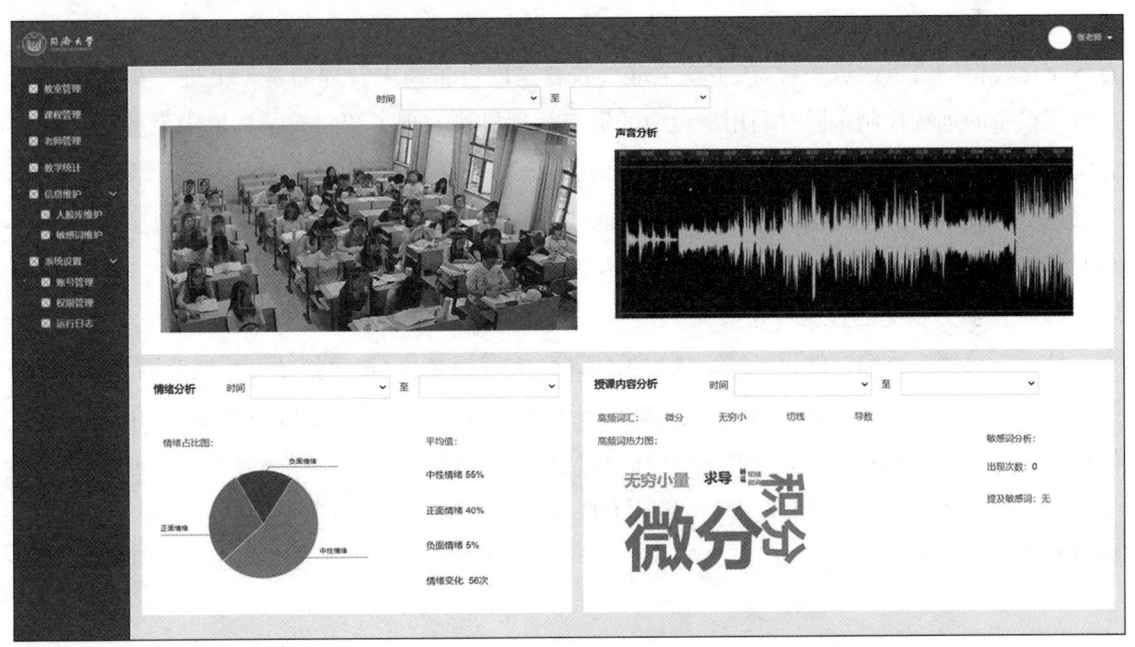

图 4-26　AI 中台支撑的课堂教学数据分析界面

（2）自研 AI 技术拓展 AI 中台能力

同济大学 AI 中台作为一个开放的 AI 能力平台,支持自研 AI 算法的部署和 AI 应用发布。通过前期 AI 算法研究积累和平台对接,部分算法已形成智慧化产出能力,参与高等数学、结构力学等课程的智慧教学督导评价与评价体系构建,提高了智慧教学数字化生态体系的拓展性。

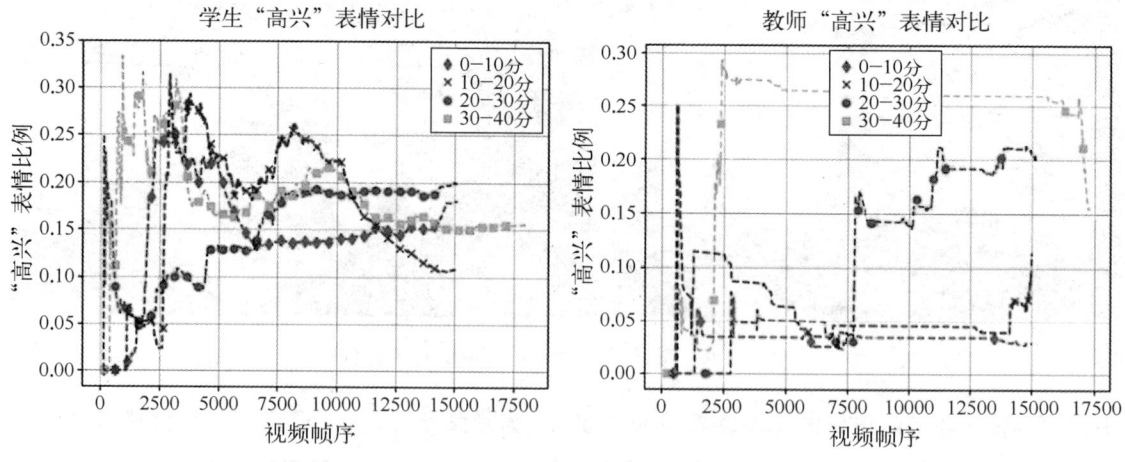

图 4-27　针对某课程的师生"高兴"表情对比和分析

3. 闭环的教学管理服务机制设计

（1）智慧教学环境—网统管平台建设

学校自 2019 年开始建设 Classroom 教室管理平台，在教学管理和服务的过程中不断根据教育数字化转型的需求改进平台，在实现全部公共教室内设备集中管理的基础上进一步实现了智慧教室设备的远程控制。同时利用平台内的资产管理模块实现了智慧教学环境中设备的资产信息汇总和报修记录，提供设备全生命周期的跟踪管理。与平台配套在教育技术与计算中心成立"服务质量管理部"，并与校级教学质量管理部门紧密合作，形成了闭环的、健全的智慧教学管理和服务机制。

（2）AI 能力赋能的智慧督导系统

结合云录播系统和标准化考场系统提供的课堂实时视频流，教学督导可在线获取多视角、多数据源的教学信息。同时利用 AI 中台实时分析提供的抬头率、表情分析等指标，为在线督导提供科学的、动态的数据支撑，提升教学督导的智慧化能力，形成"教学过程→教学大数据分析→教学评价→教学改进"的业务闭环。同时将人工督导的评价结果作为数据集不断训练督导模型，不断提升 AI 中台的智慧督导能力。

四、主要成效

1. 实现智慧教学的"三全"覆盖

作为首批"三全育人"综合改革试点高校，同济大学智慧教学数字化生态体系实现了对教学的全员、全过程、全方位的覆盖和保障，实现了"有同济人的地方就有同济的智慧教学资源"。通过无边界教学、工程实景进课堂等模式创新进一步保障了疫情期间及常态化防疫时期学校教学

图 4-28　AI能力赋能的智慧督导系统界面

工作的平稳有序开展,全面提升教学的交互体验,丰富了"三全育人"的内涵。

2. 形成开放的、共享的、包容的、可持续的智慧教学数字化平台生态体系

各个智慧教学平台各具特色,而相互之间又通过数据和业务紧密耦合,共同形成了"所有数据业务化,所有业务数据化"的数字化生态体系,具备新建平台快速部署、业务数据交叉备份、计算能力云网融合等特点。生态体系内部教学行为可产生丰富的教学资源数据,又可对外共享优质教育资源,同时紧密融合进同济大学智慧校园建设的整体规划中,参与教学、行政、科研的各个环节,体现出生态体系应具有的"活力"。

3. 发挥人工智能的智慧能力,产出新模式、新方法、新知识

AI中台为从教学数据中挖掘、获取智慧教学的新模式、新方法和新知识提供了强有力的保障,提升了教学场景更新、模式创新、评价体系革新的科学性、系统性和先进性。同时自研AI能力的引入充分发挥了同济大学的学科优势,有助于打破产学研间的壁垒,进一步释放AI中台的智慧能力。

4. 推进教学管理服务机制重构

智慧教学数字化生态体系中教学数据的流动也推进了教学管理服务机制的重构。教学数据和教学业务的紧密耦合赋予了教学管理服务机制智慧化重构的方向,在实践中实现了由开放管

理向闭环管理、由粗放式管理向精细化管理、由基于主观判断管理向基于客观数据管理过渡的"三个演变"。

五、 实践成果及后续行动

自 2019 年启动线上教学平台建设起，同济大学已逐渐形成了以 Canvas 学习管理系统为核心的一系列线上数字化教学平台，并通过 AI 赋能和业务流程重构逐渐形成了支撑智慧教学多种场景的数字化生态体系：与教务系统自动对接每学期所有课程，在 Canvas 学习管理系统中累计发布线上课程 10 000 余门，发布公告 2.1 万次，发起线上作业 1.5 万次，学生提交作业 46.1 万份，开展线上测试 2 700 余次，累计保存学习资料 50.5 万份，平台访问量排名全校所有网站的第三名；累计开展线上会议 5.6 万场次，线上参会人数达 10.1 万人次；累计上传课程录像 3.1 万个，覆盖师生数量超过 3 万人；开展线上线下融合讲座近 500 场。随着智慧教学数字化生态体系的发展完善，同济大学智慧教学物理空间和网络空间建设成果显著，已融入教育教学的各个环节中。

未来同济大学将不断提升教育技术支撑教育教学改革的能力，推动教育数字化转型的时代背景下新环境、新体系、新模式、新平台、新评价的发展：持续发挥智慧教学数字化生态系统的开放性和可持续性，建设"同济智慧教学"微信公众号，推动线上数字化教学平台数据和业务的进一步集成，实现"一网通学"；利用信息化手段赋能教育管理和教育教学的各环节，使教学模式更加灵活智能、人才培养方式更加个性多元、教育资源和服务更加优质均衡，形成教育数字化转型的"同济模式"。

第五节　上海大学《基于 5G 智慧教育项目的实践与规划》

一、摘要

随着人工智能、大数据、物联网等新兴技术迅猛发展和广泛深入普及应用,教育信息化跨入从"量变"到"质变"的关键阶段。上海大学在上海市教育现代化发展奠定的基础上,不断打造安全可靠的基础设施新环境,建立机制创新的资源建设新体系,实施面向未来的学校建设新探索,逐渐构建多方参与的教育信息化新生态。学校开展了 5G 实践规划,实现了覆盖上海大学三校区 5G 智慧互动教室,5G 千人在线"可视面对面"在线教学,5G‐VR/AR/MR 虚拟仿真实验教学,新一代 5G 工程训练共享中心,上海大学校内外双环马拉松 5G 赛道,5G 覆盖大场面军训队形与动作质量智能评价,5G 与 AI 融合大学生体质与第一、二课堂行为采集平台与分析,上海大学师生 5G 健康数据采集与评价,上海大学师生综合 AI 画像,基于 IPv6 的 5G+Wi‐Fi+固网+物联网融合的校园服务等 10 大应用场景,为学校开展高质量的在线教育提供强有力的推动和支持。

二、背景

通过网络,在线教育让学员、教师即使相隔万里也可以开展教学活动;此外,借助网络课件,学员还可以随时随地进行学习,打破了时间和空间的限制。对于工作繁忙,学习时间不固定的职场人而言,网络远程教育是最方便的学习方式。

突如其来的疫情让全球教育纷纷被迫转为线上,开始了一次史无前例的大规模在线教育实战。通过此次在线教育理念的大规模运动,促使全社会达成了大力发展教育信息化,加强在线教育实践、研究和培育的空前共识。而伴随着超大规模在线教学,在此进程中也暴露出了较大问题,包括网络质量问题、教学平台访问并发问题、师生互动性不够等。

为了进一步提升线上、线下教育教学质量,上海大学自 2020 年下半年开始积极推进校园 5G 基础网络设施建设,包括 5G 室外基站、5G 专网等专项基础工作,同时积极推进 5G 智慧教育应用场景建设,推动在线教育高质量发展。

三、 智能化创新举措

1. 上海大学 5G 专网及多校区应用规划

上海大学三校区有高速互联的系统需求,但既有承载网的两层不完全与 5G 网络的前传、中传、回传一一对应,因此校园承载网两大层面的技术手段不强求端到端的统一性,利用 SDN 技术实现网络业务端到端的编排。校园承载网建设根据 5G 等业务需求逐步演进,在汇聚层方面,由于 5G 核心网的分布式部署、低时延等都对承载网提出强三层的功能需求。

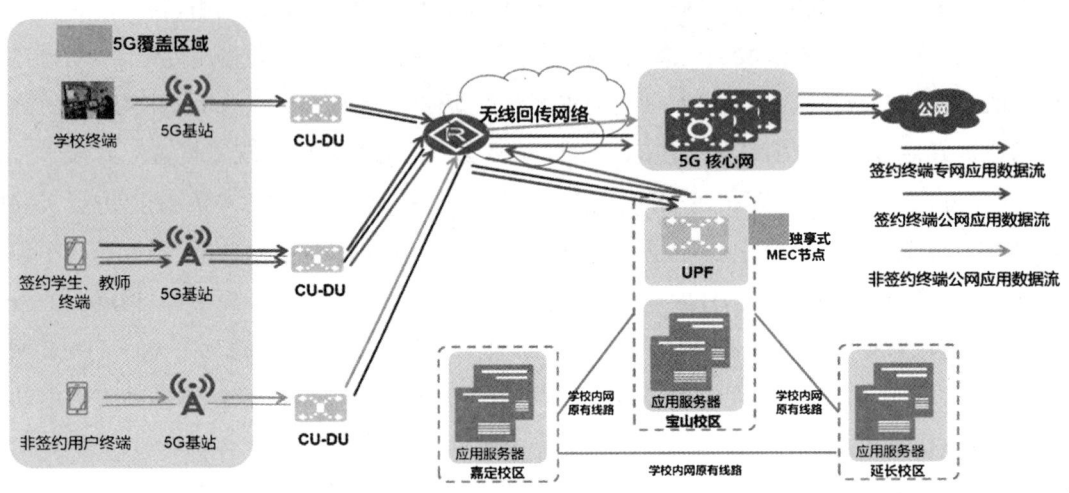

图 4 - 29   上海大学 5G 专网架构

图 4 - 30   上海大学 5G 教育规划

2. 上海大学 5G　AR/VR 仿真实验建设

新建 5G＋教学实验应用系统,结合教学实验应用场景特性,实现教学实验应用基础管理能力,提供便捷内部教学实验应用服务能力。主要虚拟仿真课程包括:

表 4-1　虚拟仿真实验项目

序号	虚拟仿真实验项目名称
1	典型钢筋混泥土建筑结构 VR 探视虚拟仿真实验
2	智慧商务虚拟仿真实验
3	单层钢结构厂房 VR 施工与 VR 实时内力分析虚拟仿真实验
4	汽车白车身成形制造全流程虚拟仿真实验
5	光弹性应力分析虚拟实验
6	城市基础设施重大突发事件应急管理虚拟仿真实验
7	建筑装饰施工工艺虚拟仿真实验
8	特种光纤制备及模式分析虚拟仿真实验
9	从迈克尔逊干涉到引力波探测虚拟仿真实验
10	聚合物改性加工全流程虚拟仿真实验

其中 5G＋教学实验应用门户向用户提供教学实验内容一站式体验,集成了教学实验应用管理等多种功能,提供丰富的海量教学实验应用获取渠道;教学实验运营管理系统面向管理运营者提供多种资源管理功能,实现对中心平台及边缘节点的统一管理,详细见(图 4-31)5G＋教学实验应用门户平台系统整体架构。例如(图 4-32)汽车白车身成形制造全流程虚拟仿真实验所示,汽车白车身成形制造全流程虚拟仿真实验主要包括虚拟车身、虚拟压机和虚拟冲压成形,是虚拟实验项目的核心要素,需要通过 5G 网络实现 3D 高速交互实验,借助 AV/VR 技术实现互动提升沉浸感。

3. 上海大学 5G 千人"面对面"在线教学

本案例主要是 AI＋教育线上教学全过程管理,包括主客户端、用户端、人脸识别模块、情感识别模块及自然语言处理模块等。

主客户端:客户端输出不同的 25 分屏,确保 125 方部显示,54 通道,输出 54×25＝1 350 画面,通过拼上墙显示,并能互动。

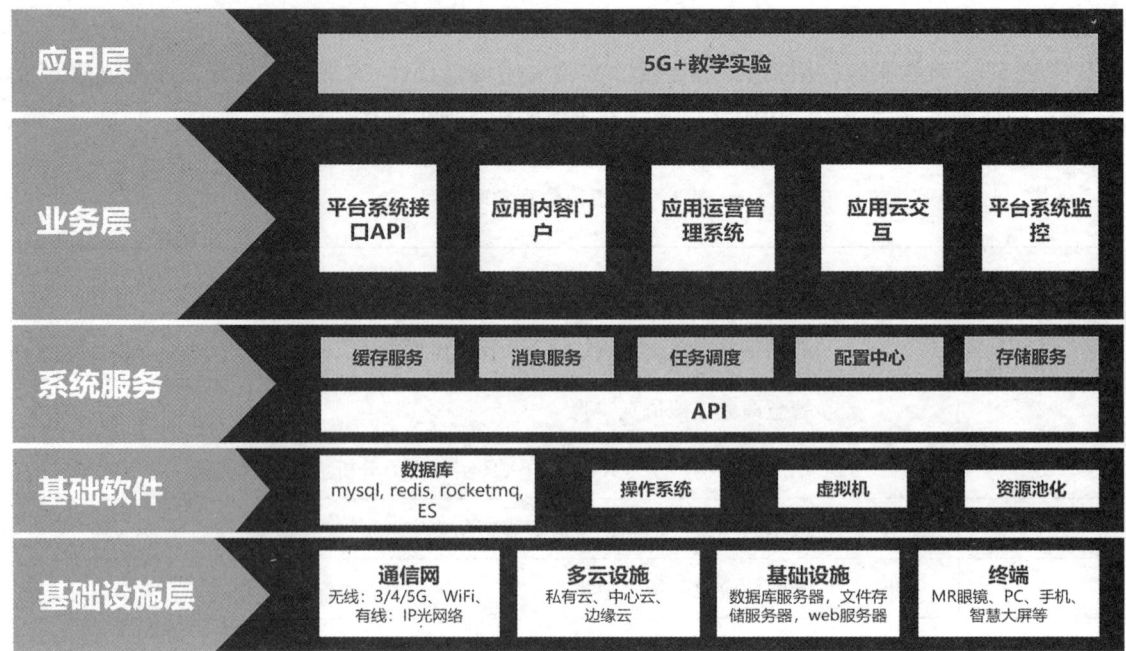

图 4 - 31　5G＋教学实验应用门户平台系统整体架构

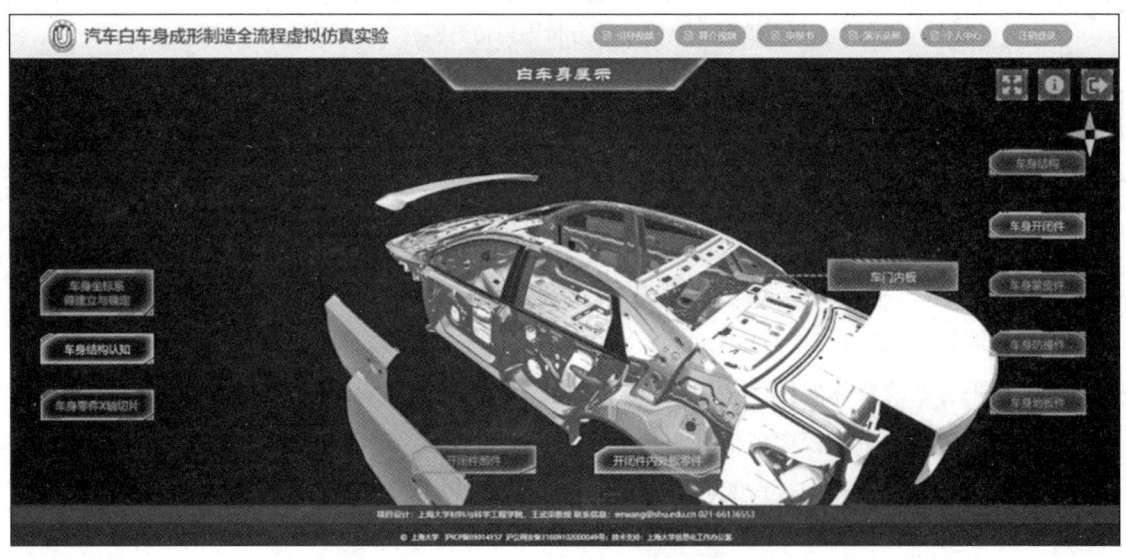

图 4 - 32　汽车白车身成形制造全流程虚拟仿真实验

用户端：设置客户端双屏输出，显示当前发言人全屏画面，共计 11 个段画面。

人脸识别模块：依据 Fast - RCNN 算法定位视频内人脸位置，匹配校内人脸库，准确识别视频内人物身份，准确率超 99.65％，单张人脸监测总耗时低于 0.016 s。

情感识别模块：依据 Res - Net 神经网络、HSV 空间映射、对抗神经网络对积累人脸数据进行训练，获得人脸柔性体图像情感识别深度学习模型，依据面部器官轮廓形状设定判定人物情感。共可区分几十种微表情，单张人脸识别耗时低于 0.02 s。

自然语言处理模块：对于视频流中的文字输入，使用 RoBERTa 高性能半监督自然语言处理算法，将其转化为有价值的语义信息，每千字误识别率低于 1.3 字符。

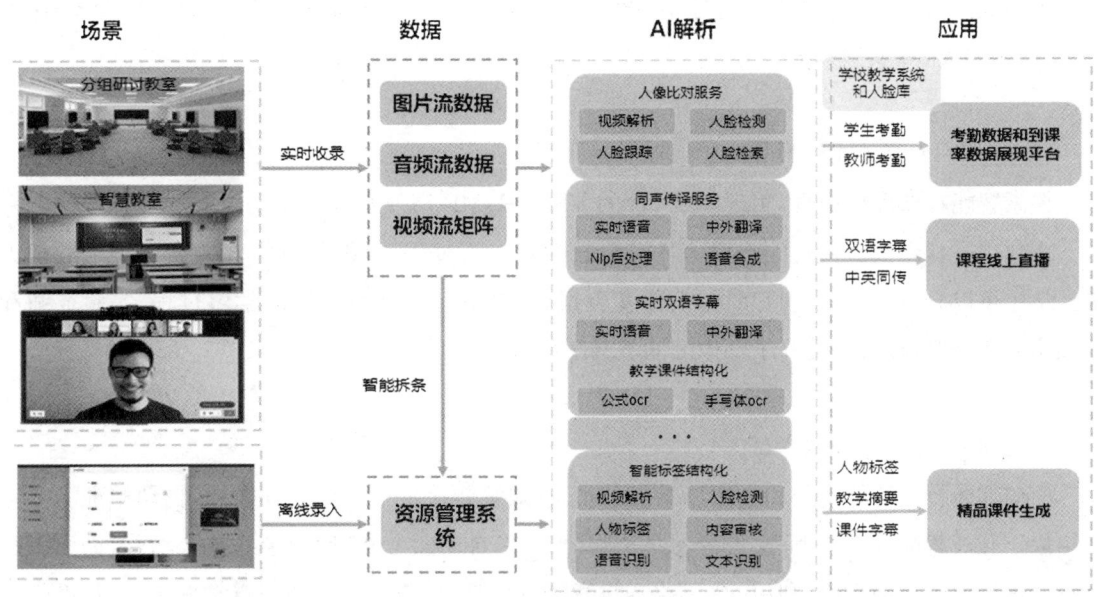

图 4 - 33　智能分析框架

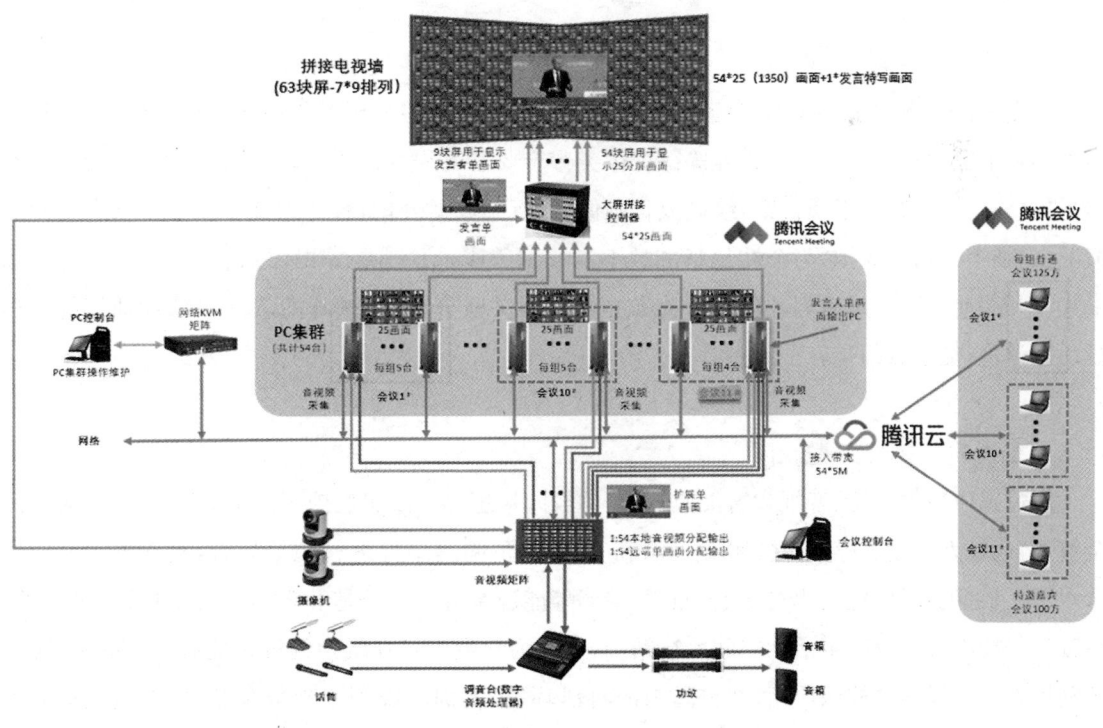

图 4 - 34　智能千人在线面对面技术框架

四、 主要成效

上海大学依托 5G 基础建设同时开展"5G＋智慧教育"应用创新，将 AI 技术与 5G、IPv6 深度融合，推进四大 5G 实践规划。

1. 推进 5G＋互动在线教学

探索智能在线虚拟仿真，实现基于 5G 的 VR/AR/MR 高效管理虚拟仿真实验的在线学习平台。平台中可管理极为逼真的虚拟仿真实验教学软件与过程，可将仿真实验数据详细地展现出来。学生可以分享自己的实验心得、上传实验报告，老师可以查看学生的学习过程、实验成绩和相关实验数据等，极大地提高了师生之间教与学的效率、效果。

2. 推进 5G＋智慧在线考试

面向如体育美育等户外和在线场景需求，无感知智能化采集考试过程数据，自动精准测量考试结果。开展智能巡考监考，实现考前身份验证、考中自动监考、考后记录备查等功能，助力考试公平。进行智能辅助批改，利用 5G 网络连接智能分析平台，分析学生知识点掌握情况，帮助教师进行学情分析和答疑辅导，构建大容量沉浸式线上"面对面"教学与考试。

3. 推进 5G＋综合在线评价

利用多样化数据采集终端、大数据云平台等构建学生智能分析评价系统，以智能化手段记录学生学习情况、身体素质、艺术素养等德智体美劳全要素过程性评价数据，支持无感式、伴随式数据采集，建立学生综合素质档案，绘制成长画像，进行大数据分析，智能感知学生学习状态变化等情况，加强个人信息保护，为个性化精准教学和心理健康干预辅导等提供依据。利用 5G 等技术采集教师课前、课中、课后等各环节行为数据并开展关联分析，对教师的教学实绩和师德师风进行动态评价，促进教师素养全面提升。

4. 推进 5G＋线上智慧校园

通过感应数据分析、音视频智能监测、自动校园巡逻等手段实现校园内主要区域 24 小时监测全覆盖，通过人群动态感知等技术对校园霸凌、意外危险等事件进行预警处置，提升校园安防综合水平。根据实时环境变化对水电、照明、空调等能源系统实现智能化调度。对实验室、图书馆、体育场等校内设施及师生活动空间实行精细管理，为学生提供在线预约等便捷服务，提高校园资源利用率。开展共享校园应用，在校园内的科研环境、实训环境等实现资源共享，打造无边界的科研实验环境，促进教学科研人员基于授权模式下快速获取交叉研究资源，合理利用实验成果，打造孪生智慧校园。

五、 实践成果及后续行动

上海大学"十四五"信息化规划的总体目标是：2025 年以"5G＋AI 数字校园"、"智慧赋能教育教学"为标志的智慧上大全面建成，AI＋教育人工智能应用示范校区、精细智能校园管理、常态化的"线上线下"融合教育教学全面实现，助力一流学科建设；真正实现信息化从"十二五能用"、"十三五好用"到"十四五智用"目标。

伴随着学校 5G 实践的规划以及应用，上海大学统筹教育系统内外资源和线上线下资源，开展以教师指导下的学生自主学习和提高为原则的大规模在线教学，覆盖近 5 万师生，促进了优质教育资源的有效共享，提升了全体师生信息素养。

与此同时，学校依照上海市教育数字化转型要求，后续也将积极推进上海大学延长校区 5G＋AI 应用场景、上海大学 AI＋教育应用场景专项、上海大学人工智能助力师资队伍建设、上海市高校信息化标杆校建设试点、上海大学 5G 智慧教育综合应用创新、上海大学 IPv6 与 5G 融合创新应用等专项工作。

第六节 上海纽约大学《智慧教室的设计与实践》

一、摘要

近年来,随着科学技术的进步及数字化音视频设备的普及,高校智慧教室所采用的设备日新月异,有效提升了教学活动的质量与水平,但在实际使用过程中仍然存在一些不足之处。上海纽约大学在吸收国内外先进教学理念的基础上建设了一批智慧教室,有针对性地营造一个无缝互动的线上、线下融合的课堂环境,提出了"学生-老师-后台"三元互动的模式,按照"敏捷"、"迭代化"的设计理念,提升了教学的"无感化·有效时间",消除了新冠疫情带来的不利影响。

二、背景

上海纽约大学的在线教学模式与传统国内高校存在较大的差异,学生和老师常常处于不同的地域,比如某课程的老师身处海外,部分学生也位于世界各地,剩余学生在教室内,因此如何较好实现线上和线下、云端和教室内之间的无缝融合,一直是学校教学模式中寻求突破的重点。

2020年初,由于新冠肺炎疫情的影响,各学校开始停课并实施线上教学。随着疫情的逐步缓解,上海纽约大学国内的学生已经返校并正常上课,但国际生仍无法从国外返校,为保证授课的顺利进行,学校开始实施线上、线下混合教学模式,并对教学大楼62间教室与会议室以及"就近就读"项目在 WeWork 租赁的26间教室进行了多媒体混合教学改造。

为了应对线上、线下融合教学的挑战,上海纽约大学的技术服务部门首先定义了"学生-老师-后台"三维一体的互动模式,这种模式从普通课堂的师、生二元参与,扩展为师、生教与学及后台服务部门在线支持的三元集成、深度融合的教学模式。

三、智能化创新举措

上海纽约大学在智慧教室构建初期就制定了明确的目标:界面简单,除了开关话筒或插 U盘外,尽可能不需要授课老师做额外的操作,老师应该把精力全部放在教学上而不是操作多媒体设备上,通俗来讲就是设备操作"无感化",最大限度提升课堂教学的"有效时间"。

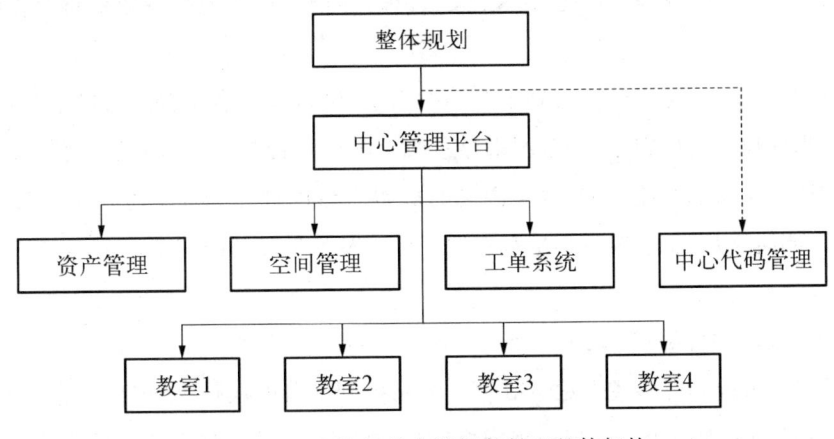

图 4 - 35　上海纽约大学智慧教室整体架构

1. 全数字系统化音频管理

音频来源可分为三类：第一类是对话筒有强依赖的大教室场景,第二类是教室空间过小不适合使用话筒的场景,第三类是老师在云端,声音需要从远端送到本地扬声器的场景。学校结合实际需求,对不同类型的教室配置了不同的设备,为师生提供配套的教学环境。

此外,在线网课的不同需求增加了音频系统的复杂度。为了减少干扰,提升系统的整体效率,在疫情期间,所有楼层的音频从模拟系统升级到了基于 Dante 的全数字系统,通过全楼统一域控的方式,进行音频路由逻辑的配置管理和设备状态的监控。数字系统支持多通道通信及软件定义路由,因此可针对不同的音源在不同场景下进行相应的路由配置及处理,最大程度精简流程,无需操作前端的中控面板就能满足多种场景需求。

2. 视频化云上融合和互动

为了适应融合教学的需求,在教室前后各安装了一个高清摄像头,其中教室前方的摄像头负责拍摄学生画面,当捕捉到学生站立的动作时,摄像头内置的 AI 会自动聚焦站立的学生并放大显示。教室后方安装的摄像头主要拍摄老师图像,如果老师在讲台附近移动,摄像头可以自动跟踪老师;如果老师在黑板上写字,摄像头的 AI 算法会自动聚焦黑板位置并放大。

从视频的传输角度,可以把线上和线下的交互视频分解为本地视频、远程视频和教师端桌面讲义三个元素。对于不同元素和场景的组合,控制面板上提供了一键化的预制,在教室讲台的电脑上可一键切换不同的画面传输模式,其模式包括本地前后摄像头的拼接画面、单前端摄像头或单后端摄像头。

当遇到数学、物理、化学等公式比较多的课程时,由于摄像头拍摄及视频传输的压缩机制,在线的学生有时可能无法分辨以不同颜色书写的公式。为了解决此问题,任何老师都可以向技术服务部门申请12.9寸的平板来书写公式及解题过程,屏幕会在本地的投影幕布及在线课堂的窗口中高清展示。

对于教室的本地显示也充分考虑到了互动的需求,讲台位置会布置两台显示器,其中一台显示器用来镜像当前投影的内容,另一台用来显示线上学生的视频画面,满足交流互动需求。为方便线下学生和线上学生的交流互动,教室内同时放置一台电视作为反显专门显示线上学生的互动画面,这样可同时满足线上、线下学生观看课程讲义及师生互动的需求。

3. 中控程序及软硬件编程

为做到无需点击控制屏幕或者尽量减少点击来控制屏幕的操作,中控程序在检测到 HDMI、MiniDP 或 TypeC 输入源时会自动根据规则执行相应的操作,当检测到有信号输入并且教室中控系统处于关闭或者节能状态时,控制主机就自动启动系统并且主动唤醒系统主机,这样有助于老师上课时无需操作中控屏幕就能实现中控系统的自动开启。而当下课时,老师也无需点击关闭系统就可以直接离开教室,中控系统在检测到无输入信号或占位传感器检测到教室内无人后,会自动关闭系统,以便实现节能减排并延长电子元器件使用寿命。

4. 设备重组,定制化教室讲台

学校将讲台作为智慧教室系统中的老师端应用界面进行设计,在收集用户需求的基础上,将讲台上需放置的设备进行统筹、整合。这些设备主要包括各类型话筒及其充电底座、音视频接口及线缆、USB接口、电源插口、显示器、中控触摸屏、鼠标、键盘、笔记本放置位、收纳盒以及实物投影仪等,设计人员将这些设备全部体现在工程图纸上并进行效果图渲染,在充分获取用户及维护人员的反馈意见后再安排定制生产。

5. 响应式中心管理

智慧教室内部涉及到大量音视频设备,如果完全依赖人工对这些音视频设备进行检查及维护不仅费时费力,而且对运维人员的技术素养也有较高的要求,因此在设计时就需要充分考虑到后期运行、维护的人力、物力成本。通过在智慧教室中心管理平台上实现系统的远程开关机、设备的自检、运行状态的监测、故障报错、日志记录等功能,可有效提高服务的响应时间及解决问题的速度。

四、 主要成效

1. 构建智慧教室中心管理平台和代码管理平台

上海纽约大学智慧教室平台的总体设计遵循一次规划、分步实施的原则,各子系统在模块内高内聚,模块间松耦合,把提升有效教学时间作为规划的核心。将项目按照水平方式划分为系统架构和代码管理,分别建设了教室的中心管理平台和代码管理平台,其中教室中心管理平台的主要作用是管理教室内的中控操作、远程协助以及软硬件状态监控;中心代码管理平台主要是管理代码的版本更新、修订以及维护各代码分支。

2. 实现智慧教室中心管理平台与学校各管理系统的有效集成

为实现对智慧教室资产的有效管理,智慧教室中心管理平台和学校的资产管理系统实现信息集成与共享,在教室中心管理平台能够显示各资产的详细信息,而学校资产管理平台上不仅能够显示各教室资产是否在线及活动状态,还能够完成资产从入库、盘点、出库、安装、监控到报废的全方位管理。为支持教室及会议室的在线预定,智慧教室中心管理系统与空间管理系统进行有效集成,空间管理系统可以在预定教室/会议室时读取相应房间的配置信息。为了方便工作人员提供支持,教室中心管理系统与工单管理系统进行集成,在检测到故障时,系统能够自动形成一条工单记录并流转,工单的状态能够实时查看。为方便老师在同类型的不同教室内开展授课,系统采用漫游配置文件的形式及时下载老师预设的配置文件,实现相同类型教室相同配置文件。

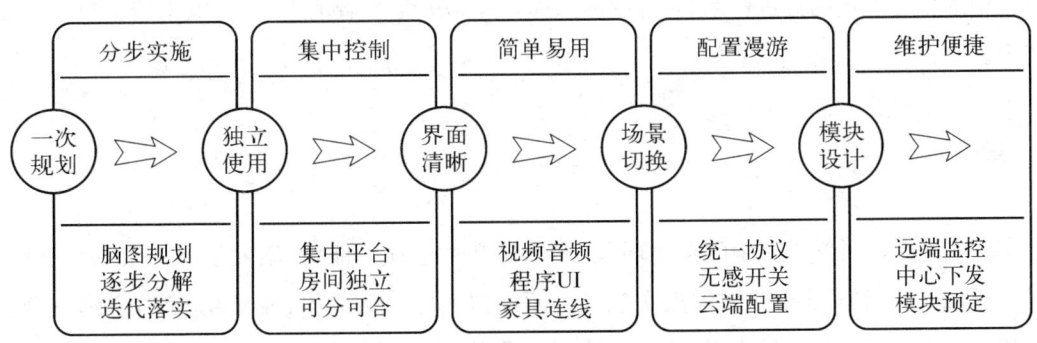

图 4-36　具体设计及实施思路

五、 实践成果及后续行动

据统计,上海纽约大学的智慧教室共计支撑了 304 门课程,其中纯在线课程为 108 门,其余 196 门为线上和线下混合教学方式,线上服务教师和学生共计 6 989 人,累计参与人次已达 1 426 398 次。智慧教室经过一段时间的高强度使用,广大师生对线上教学的效果总体反映良好,其中针对声音及图像质量基本没有负面反馈。

未来在智慧教室的进一步升级和迭代过程中,学校仍将坚持"无感化·有效时间"的思想,贯彻"敏捷开发"的理念,逐步增加各功能模块,从智慧教学设备及质量、智能化管理监测、教室应用灵活性和可扩展性等方面进一步优化,为师生营造一个更舒适的教学氛围。

第七节 杭州师范大学《Web3D 探究式学习环境的构建与应用》

一、摘要

本案例基于 Web3D 技术设计开发了支持探究式学习的虚拟实验平台,构建了"任务-证据-行为"模型,通过汇集学习过程中具有内在关联和逻辑的多模态交互数据,进行识别和分析,借助学科知识图谱和个体知识图谱,实现对科学探究学习的评价。采用准实验研究、问卷调查和访谈法,开展了三轮教学应用,将基于该 Web3D 虚拟实验的教学模式与传统实验教学模式进行对比,得出以下结论:利用探究式虚拟实验进行科学实验探究,对学生的学习效果及其知识和能力的形成具有中等程度的正向促进作用,并且有助于提升和培养学习者的学习兴趣、学习动机和科学探究能力。

二、背景

实验作为中学科学教学中的重要环节,对于提升学生动手能力、激发学习动机、锻炼创新思维、提升科学素养具有十分重要的现实意义。而虚拟实验以低成本、强交互、超时空和安全性高等优势在教育领域得到广泛应用。2018 年,国家重点研发项目"多模态自然交互的虚实结合开放式实验教学环境"获批立项,杭州师范大学经亨颐教育学院徐光涛团队与中山大学、同济大学科研团队共同承担了第三课题"探究式学习模型与交互行为分析"的相关工作,数十位来自全国不同区域不同中学的科学教师也参与该项目。

基于学习科学的视角,根据探究式学习理论、ECD 评价理论、过程性评价理论等,团队从平台架构、交互以及内容等多方面开展了虚拟实验平台的设计工作,并最终确定了探究式虚拟实验的开发环境、场景界面、交互设计、实验流程、反馈评价等具体方案。

技术团队综合运用 H5、CSS、JavaScript 等技术,采用服务器端开发平台 Node. js、Web3D 引擎 Babylon. js 以及关系数据库 MySQL,历经三年开发,发布了 Lab3D 虚拟实验平台:http://beta.lab3d.site/。

三、 智能化创新举措

本项目综合利用 Web3D 技术、多模态学习行为分析技术、知识图谱技术等三大核心技术,打通并串连场景模拟、学习交互到知识建构三个环节,帮助学习者认识、理解、建构科学知识,使学习者实现从被动接受到主动思考的转变。

1. 网页呈现虚拟实验场景

利用 H5. Babylon. js 等技术制作面向科学探究学习的 Web3D 虚拟实验,无需外接硬件设备,以网页的形式通过浏览器访问,无需额外安装软件。在 3D 场景中导入 3D 对象,使用 Babylon. js 进行程序控制,构成了平台的基本程序结构。因此本平台对计算机设备要求不高,有利于在各中小学进行推广应用。此外,通过 Web3D 技术可以将实验器材真实三维还原,支持学习者多角度观察实验器材和实验现象。

2. 多模态学习行为数据的识别、分析与评价

首先在多模态自然交互上,系统能够接收到学习者的文字输入、语音、手势交互等指令,同时,为学习者提供多通道的自然交互与反馈信息,包括视觉、听觉、触觉等多感官信息。然后在实验操作数据的获取与处理上,AR 实验系统利用多种微型智能传感器和图像识别技术等,获取学习者在实验过程中的操作信息。

3. 构建与应用知识图谱

知识图谱是一种描述客观世界的概念、实体、事件及其相互之间关系的方法。本平台构建与应用知识图谱,使学科知识结构可视化,概念梳理可视化,为教师教学提供辅助,为学生学习提供指引。基于已有的 Web3D 虚拟实验平台,目前已成功构建了一系列化学、物理学科实验内容的学科知识图谱,并实现了基于 Neo4j 的图数据存储以及基于 D3. js 的 Web 端可视化。

四、 主要成效

1. 跨平台科学实验,实现资源共享

由于本平台支持跨平台跨终端应用,且具有一定的便捷性和通用性,因此它为科学实验的泛在学习提供了可能。同时,它能够适应不同水平的中小学机房环境,这在服务偏远乡村的师生进行虚拟科学实验探究学习上体现出了一定的优势,有利于促进优质信息化的科学教育资源共享,助力提升偏远乡村地区学生的科学素养水平。

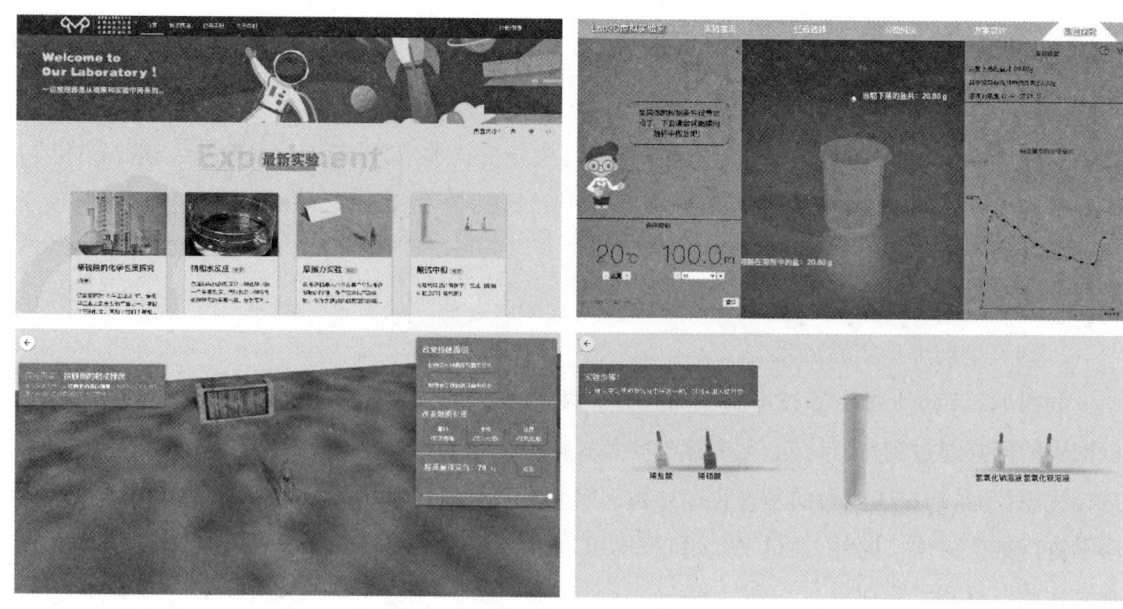

图 4 - 37　部分实验界面展示

2. 多模态数据采集,助力个性化评价

由于探究式学习注重学习者的科学探究过程,且在虚实融合环境中教师不能直观了解到学生的表现,因此本平台通过多模态分析技术对虚实融合环境下的学习者行为,包括外显行为、UI交互行为、传感器数据等进行数据的切割、理解与分析。通过汇集学习过程中具有内在关联和逻辑的多模态交互数据,实时捕获学习者行为,并进行识别和分析,最终基于构建的具有良好信效度的"任务-证据-行为"模型,实现了科学系统的探究式学习评价。

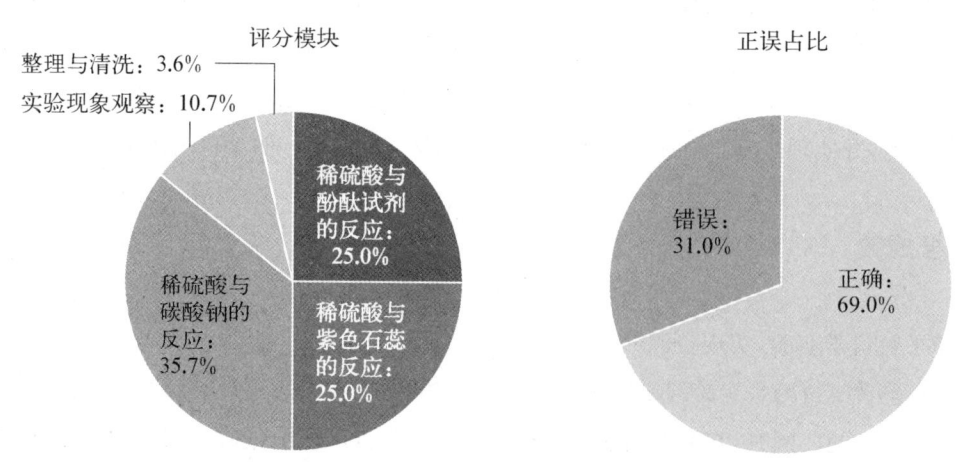

图 4 - 38　学生端界面的实验报告构成

3. 知识图谱构建,提出应用方案

　　从个体知识图谱和学科知识图谱两方面提出了设计与应用初中化学学科知识图谱的可行方案,作为辅助教师教学、支持学生自适应学习、整合优化在线学习资源等功能的实现,以及进一步解决当前学习者在学习化学探究实验过程中创新思维和科学探究能力难以提升的问题,并为其他学科构建知识图谱提供了一定的参考。

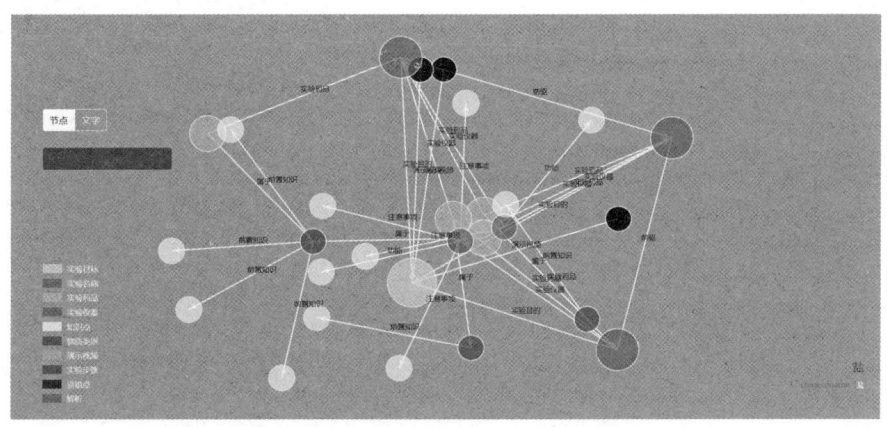

图 4 - 39　平台某实验的知识图谱

五、 实践成果及后续行动

　　本研究设计并开发了 Web3D 虚拟实验平台以及相关虚拟实验,获得《Web3D 探究式虚拟实验平台》、《"盐的溶解"虚拟实验》等 4 个软件著作权,并在多所中学开展了线上、线下不同形式的教学试用活动。实践表明,本平台能够帮助学习者更好地理解和掌握相关知识,具有较高的易用性。

图 4 - 40　中学课堂实践场景照片展示

为深入推动虚拟实验在教育中的应用,后续研究将围绕以下两个方面进行:(1)恰当的虚拟实验呈现形式。虚拟实验设计要"因学生而异,因学科而异",充分考虑学生的思维发展与认知特点,注重与学科内容相匹配。(2)虚拟实验的协作、引导与监督设计。虚拟实验开展要"注重引导,加强协作",避免学生因自控能力差、学习问题未及时解决而导致实验效果不理想,坚持"学生主体,教师主导"的原则。

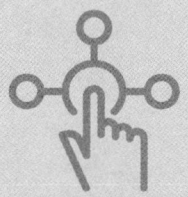

第五章
智能教学创新案例

　　随着人工智能等先进技术的发展，教育领域发生了诸多的变化，传统教学正在向智能教学发展。为了让读者更加清晰地了解智能教学的应用，本章将介绍 8 个智能教学创新实践案例，分别是上海开放大学《个性化在线学习支持服务系统应用》、海军军医大学《云 VR 引入课堂教学的部署与应用研究》、上海理工大学《线上线下深度融合"一网畅学"智慧学习平台实践》、上海信息技术学校《"大数据＋虚拟仿真"教学实践应用》、上海长宁区业余大学《云视课堂探索终身教育优质公平发展》、腾讯《AI 技术助力教学体系创新》、松鼠 Ai《智适应系统助力智慧校园减负增效》、金角鱼《用数值仿真和人工智能改变初中物理教学模式》。通过这些案例，以期为智能教学的建设与发展提供借鉴。

第一节　上海开放大学《个性化在线学习支持服务系统应用》

一、摘要

　　上海开放大学多年来一直使用线上与线下相结合的混合教学模式,全过程的信息化覆盖率高,在教学实践过程中积累了大量的教学管理、教学资源、教学过程等较全面的信息资源,打造了一个集招生录取、教、学、习、考、管和支持服务为一体的全学习周期综合服务平台——个性化在线学习支持服务系统,并持续进行着优化和更新。上海开放大学个性化在线学习支持服务系统包括建设全学习周期综合服务、建设个性化的在线学习服务、建设多终端接入的泛在学习服务等方面的内容。

　　上海开放大学个性化在线学习支持服务系统,围绕学习者通过特征提取技术获取学习者的个体特征、学习行为特征、学习风格特征,通过自动分类技术构建标签体系来生成学习者的学习画像。利用人工智能辅助教学工具在改善教学方面作出创新——增加学生的学习动力和参与度,促进知识和技能的获取,优化评估和评价系统,进而改善学习成果。

二、背景

　　上海开放大学是上海在校生人数最多、教学场所最分散的成人高校。现有注册在读学生达8万余人,有40多所分校和教学点。由于开放学习者在年龄跨度、文化背景及基础、知识结构、学习时间、学习地点、学习习惯等方面差异较大,部分学生与学校处于准分离状态,流动性、分散性较强。

　　面对学习者多样化、个性化的学习需求,学校按照"统筹规划,需求驱动,数据共享,创新引领,持续发展"的指导思想和《上海开放大学智慧校园建设三年行动计划》的要求,构建了泛在、高效、移动、安全的个性化在线学习支持服务系统,推动信息技术与教育教学的深度融合,打造集教、学、习、考、管和支持服务为一体的全学习周期综合服务平台,围绕学习者通过特征提取技术获取学习者的个体特征、学习行为特征、学习风格特征,生成学习者的学习画像。在此基础上,为每位学习者提供个性化的学习补救内容推送、学习预警、学习任务提醒等学习服务,促进学习者获取知识和技能,缓和在职在岗学习者复杂的工学教矛盾,从而完成"经验驱动"向"数据分析与认知经验相结合的驱动"的教学转型,为学习者提供一个支持个性化自主学习的时时能学、处处可学的泛在学习环境,改善学习者的学习成果。

三、 智能化举措

1. 建设全学习周期综合服务

上海开放大学的全学习周期综合服务通过在线学习平台得以实现,该平台是一个集招、教、学、习、考、管和支持服务为一体的在线学习服务平台,为广大师生及教学管理人员提供入学水平测试、课程学习、课程作业、课程教学活动、形成性考核、论文指导、社会实践、毕业答辩、教学管理等应用服务,为学校日常教学提供全面支撑,支持全网上教学、移动教学和线上线下一体化教学业务模式,已成为上海开放大学开展学历教育的重要支撑平台。

2. 建设个性化的在线学习服务

个性化在线学习服务就是通过对学习者的特征分析(个人特征、行为特征和学习风格特征),建立学习者个体和群体模型及画像,并为学习者提供课程运行可视化分析,以及符合其个人特征的学习者画像可视化分析,所形成的画像为教师的教学设计提供有效的依据,帮助学习者实现差异化的学习,为其提供学习进度分析、学习预警、学习干预、个性化学习资源推荐和学习同伴匹配等个性化在线学习服务,使学习者获得更有效的学习体验。构建在岗在职学习者个体画像和群体画像,将在岗在职学习者分为积极保持类、潜在保持类者、潜在流失类、高风险流失类等,形成个性化学习者画像标签417.1万条,学习者对画像支持学习满意度为86.8%。

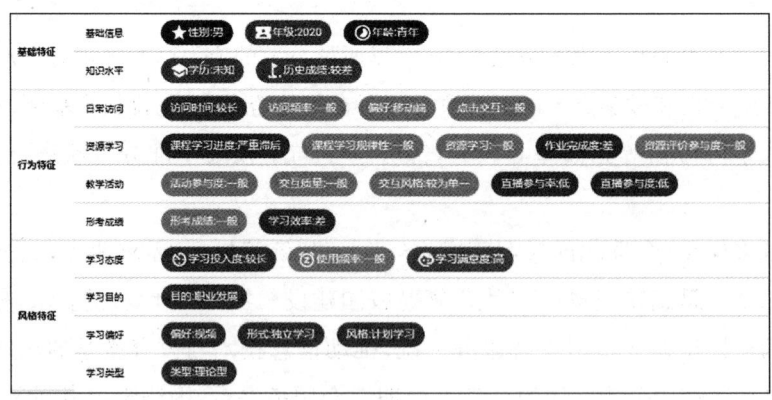

图 5-1 学习者个性特征分析界面

● 学习进度分析

有别于传统的线性学习模式,上海开放大学个性化在线学习服务通过调整课程学习进度和学习内容呈现形式,从而支持老师提升精准化教学,帮助学习者实现差异化的学习,为师生提供更好、更有效的教与学体验。

经过调查研究分析总结发现成绩优异学员学习过程的特点,形成的学习过程图谱是收敛的、有规律的(如图5-2中的右图所示),而成绩不合格的学员学习过程往往则呈现出无序、发散的特点,学习过程图较凌乱(如图5-2中的左图所示)。因此,基于学习过程分析,可以很好地进行学习风险的预测,同时也能够进行学习路径的相关推荐,让具备高失败风险的学生重新回到合理的学习路径上。

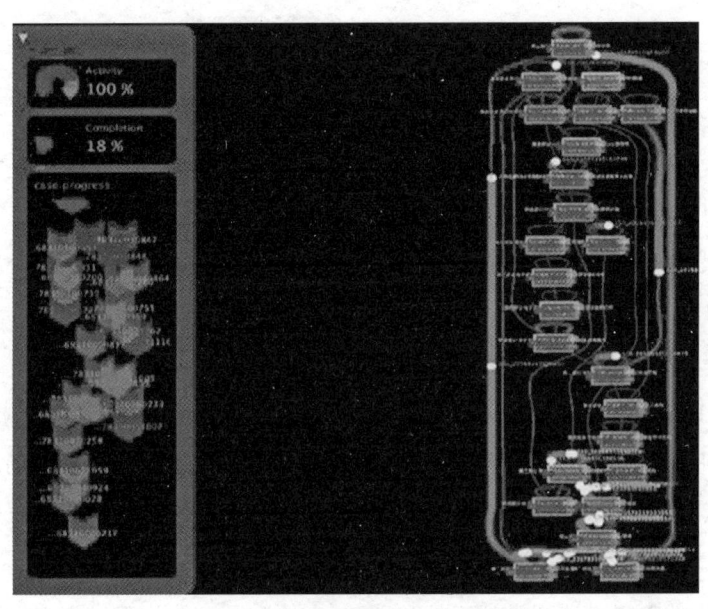

图5-2　不同学员学习过程图谱

● **学习预警**

建立个性化学习预警机制,就是根据预警机制,建立干预等级及干预措施,形成干预体系,为辅导教师和辅导员提供了一种简单的方法来发现、识别、警示课程中存在学习风险的学习者。结合上海开放大学学习平台的内容和特点,风险预警主要涉及"截止日期预警"、"成绩预警"、"活动预警"、"访问预警"四个维度。学习预警分为三个等级,预警程度由低到高,平台对学生的实际情况进行综合审核,发出不同等级的预警信息。学生和教师都可在平台上接收相关的预警信息。

● **学习干预**

干预体系主要针对学生的学习数据,开展学习方面的相关干预,包括学习任务提醒数据和学习者画像等数据。学生的提醒包括学习进度提醒、预习内容提醒、必看资源调整、作业截止日期提醒、作业开始提醒、考试开始提醒、学习活动开始提醒等内容;教师的提醒包括教研活动开始提醒、教学活动开始提醒、形考设置提醒、作业批改开始提醒、作业批改结束前提醒、论文指导提醒、

当前课程
人力资源管理概论

学号	姓名	学习进度	风险等级	置信度
			😊 低风险	高
			😊 低风险	高
			😊 低风险	高
			😊 低风险	高
			😊 低风险	高
			😟 高风险：观看视频资源风险高；	中
			😟 高风险：观看视频资源风险高；	中

图 5-3　个性化学习预警图

按教学周学生学习进度达标度提醒等内容。个性化学习干预支持通过网页、短信、微信等通讯方式,将个性化预测学习可能失败的学员信息推送到相关面授教师和辅导员的手机上。

● 个性化学习资源推荐

上海开放大学为营造以学习者为中心的教学环境,以课程为对象,梳理各类知识点,构建专题知识库,打造 AI 助教系统,为师生提供智能助教机器人服务,实现个性化学习资源推荐。学习者登录学习平台后,即可看到类似于图 5-4 的界面,右下角就是 AI 助教。通过鼠标操作,学生即可与 AI 助教进行课程问答、课程练习答疑等互动。目前课程专题知识库覆盖率达 51.14%。

AI 助教系统为教师提供课程设计工具和方法,方便教师在线构建知识点模型;同时提供系列工具,方便将知识点关联到课程资源、章节、题库(卷库)等方方面面,整个课程教学设计都围绕知识点模型进行。

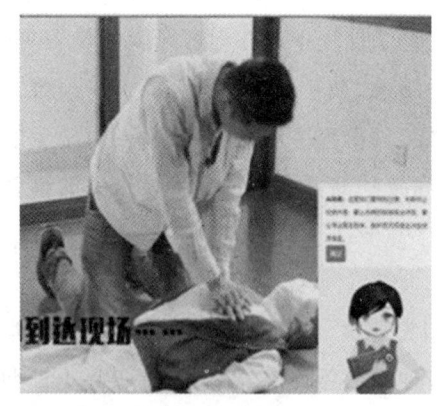
辅助知识点讲解

智能评测

咨询问答

图 5-4　AI 助教系统

3. 建设多终端接入的泛在学习服务

为充分发挥移动学习所特有的移动性、情境性、实时交互协作性等特点,建设多终端接入的泛在学习服务,以支持在岗在职学习者通过互联网、移动、电台等多通道开展"时时、处处"的学习。上海开放大学多终端接入的泛在学习服务主要包括以下几方面:实现上海开放大学微门户及移动端的学习功能,实现在线学习微信端的教学教务服务、资源访问、教学互动、作业评测等全学习周期服务;建立微信班级圈,通过班级通知、师生私信提供基于微信的全时在线通讯体验;通过移动端,为学习者提供学习资源浏览、形考作业中的书面作业、课程实践查看服务;通过数据采集与分析,配合现有 Web 端学习环境,形成多终端、整体性的在线学习教学支持服务环境。

自 2019 年开通的基于微信的在线微门户,两年来已获得近 8 万多师生的关注,为师生提供泛在可选的教学服务,总访问人次超过 200 万,师生对移动应用的满意度达 87.21%。

四、 主要成效

上海开放大学个性化在线学习支持服务系统运用大数据和学习分析、多终端接入等技术,为师生提供贯穿课前、课中、课后的个性化在线学习支持服务,实现了教学、学习、实训、评估、管理的教育闭环。

1. 助力学习者实现个性化学习

通过大数据和学习分析技术,分析学习者特征,建立学习者画像,提供学习预警、学习检测、学习评价、学习补救、学习数据可视化等功能,支持学情实时测评分析和即时反馈,为学习者下一步的学习指导提供依据,为教师及管理者专业设置、教学设计、资源使用成效、教学状态等常态化教学质量分析提供依据。

2. 协调大规模教育与个性化培养间的矛盾

信息技术赋能开放教育,运用技术的能量赋予开放教育中的各个要素及其结构、组成与活动、过程,致力于解决开放教学领域存在的大规模教育与个性化培养间的矛盾,改变学校原有学习平台所采用的线性学习模式,以数据驱动提供高质量、多途径、全方位、个性化、精准化的学习支持服务,为决策提供支持,为成人专业学习与工作实践结合的融合弹性学习提供支撑。

3. 从学习者出发,推动便捷有效的智慧教育落地

通过提供集互联网、移动端等多通道的泛在学习服务,为学习者提供更加公平、高效、优质、便捷的教育服务。家政、快递等行业的学习者纷纷反映"通过微门户可随时随地用手机端学习、做作业,做到了工作、学习两不误,有效解决了在职在岗学习者复杂的工学教矛盾"。

五、 实践成果及后续行动

上海开放大学个性化在线学习支持服务系统为教师、学生、管理者提供泛在、高效、移动、安全的学习支持服务。学校聚焦提升学习成效的核心问题，为学习者提供高质量、精准个性化的学习服务，实现了由"经验驱动"转向"数据分析与认知经验相结合的驱动"的新型开放教学模式转型，促使开放教育学习者真正实现有指导、有质量、有效果的学习。至 2021 年底，累计为上海开放大学总校和 40 所分校、2 千余名总分校教师和 8 万名学习者提供近 1 800 门课程个性化在线学习支持服务，学习者活跃度为 98.9％，互动率为 98.7％。

基于数据分析的学习者画像的持续研究，为在职学习者提供立体化、个性化、精准化的智慧学习服务，为教师及管理者提供常态化教学质量分析和形成性学习效果评估，直接创新了学校的数据服务模式，为学校教学的科学决策和发展提供重要支撑。

第二节　海军军医大学《云VR引入课堂教学的部署与应用研究》

一、摘要

　　VR技术与云计算、5G等信息新技术融合日趋紧密,加速向各个领域渗透和融合,尤其在教育、医疗和军事领域融合发展得最快、最为突出。但是,受VR产业生态割裂、缺少通用平台支持、可移动性不够等因素影响,VR技术在高校教学中的应用尚处于初级阶段,难以真正发挥其对课堂教学的有效支撑作用。同时,院校形成了一批VR教学资源,但是缺少集约的基础运行环境、有力的资源管理手段和高效的资源应用方法,建设效益也难以得到充分的发挥。

　　海军军医大学融合云计算、VR、5G等信息新技术,对云VR引入课堂教学的部署与应用展开研究,内容主要包括:提出了一种云VR在高校课堂教学中的部署应用框架,对各模块的功能作用进行细化阐述,对具体的应用部署方式进行分析设计;提出一种基于区块链技术的云VR资源管理框架,对各模块的功能作用进行具体设计,对运行管理机制进行细化阐述,并对运行管理效果进行分析;区分理论教学和实操教学,提出VR云端资源引入课堂教学的6种部署应用模式,为云VR引入高校课堂教学提供了可行、有效的实施方案。

二、背景

　　我国高度重视VR技术发展,已将其列入"十三五"国家信息化规划、中国制造2025、"互联网＋"等多项国家重大战略。当前,VR技术与云计算、5G等信息新技术已经从小规模、小范围的技术探索和应用进入了更加宽广的领域。

　　海军军医大学作为涉及教育、医疗和军事领域的结合体,具有发展、应用VR技术得天独厚的优势。目前已形成一批宝贵的VR教学资源,内容覆盖战场救援模拟训练、"核化生"医学救援训练、海军舰艇特殊环境模拟、海军深潜生存模拟训练、医学手术模拟操作、医学知识科普等方面。这些资源在学校开展实战化军事训练和信息化教学改革方面发挥了重要作用,但也存在缺少集约的基础运行环境、缺少有力的资源管理手段、缺少高效的资源应用方法等问题,致使设备和相关资源利用率较低、大规模推广应用受到限制、且评价机制非常薄弱。

　　本案例按照统一管理、集约共享、开放兼容、灵活实用的原则,融合云计算、VR、5G等信息新技术,开展云 VR 引入课堂教学的部署与应用研究,包括 VR 资源"云-网-端"架构应用支撑环境研究、VR 云端资源管理机制研究和 VR 云端资源引入课堂教学的模式研究,实现 VR 资源在云端的灵活部署运行、便捷共享管理和在课堂的高效访问应用,充分发挥 VR 资源在教学中的应用效益,为学校开展信息化教学模式改革、提升教学效果提供平台支撑,为学校强化教学能力提升提供资源保障。

三、 智能化创新举措

1. 构建云 VR 部署应用的总体框架

按照云 VR 从终端到云端的逻辑体系进行划分,构建云 VR 部署应用的总体框架,主要包括终端层、网络层、硬件层和平台层(如图 5-5 云 VR 应用部署总体框架所示)。终端层由云 VR 终端及其配套的外置定位设备组成,主要用于动作捕捉、视频流解码、画面刷新与显示等;网络层由各类有线、无线网络设备组成,用于将云 VR 视频流从云端传输至终端,并将用户操作指令从终端传输至云端;硬件层由服务器、存储及虚拟化软件组成,用于为云 VR 资源应用提供性能高、兼容好、分配灵活的计算存储资源池;平台层是部署于云端的应用系统,用于资源业务管理和资源运行分发。

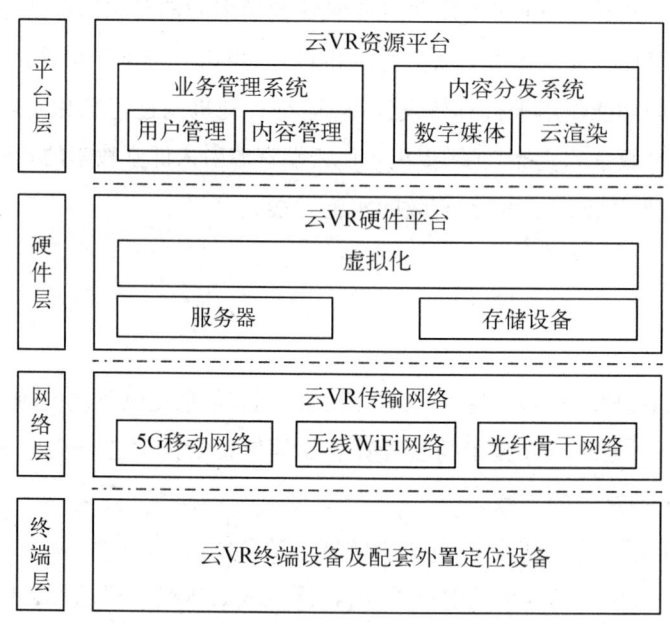

图 5-5 云 VR 应用部署总体框架

2. 构建适应多场景应用的云 VR 网络链路部署模式

本案例按照云 VR 终端接入网络的类型及方式不同,构建了 Wi-Fi 接入、5G 接入和有线接入三种网络部署模式,以满足不同应用 VR 教学应用场景的具体需求。Wi-Fi 接入网络构建主要通过"万兆POE交换机+无线AP"或5G CPE的方式进行。"万兆POE交换机+无线AP"部署方式通过校园光纤网络连接云VR云端,无线AP与POE交换机通过千兆网线连接。5G CPE部署方式通过将5G信号转换为Wi-Fi信号,实现基于5G移动网络连接云VR的云端,基于Wi-Fi无线网络连接VR终端设备。5G接入网络构建从云端到终端均依托5G移动网络建立网络连接,该网络部署模式需在教室中接入5G基站,并将5G模组内置在VR终端设备中。有线网络部署模式主要依托校园有线网络进行,通过万兆光纤接入教室,该网络部署模式具有支持单点最大同时使用人数多、网络传输速率高且稳定可靠的优点,支持"PC+VR头显"的终端类型,主要适用于云VR实训室或专修室建设。

3. 首创基于区块链技术的云VR资源管理框架

围绕云VR资源运营管理、云VR资源版权保护及资源提供端与使用端的积极性三方面。案例提出基于区块链技术的云VR资源管理框架,该框架主要包括四类角色(如图5-6基于区块链的云VR资源管理框架所示):资源提供端、资源使用端、云资源端、区块链账本系统,并对各模块的功能作用进行具体设计。围绕资源的规范建设、可信发布、安全共享和良性发展,提出了基于区块链的云VR资源管理框架的运行机制,包括资源建设与上传、资源审查与发布、资源检索与交易、资源使用与评价、虚拟币发行与流转等方面。从而有效提高云VR资源管理效率,促进云VR资源体系构建与共享应用,为建立良性发展的云VR资源体系发挥重要作用。

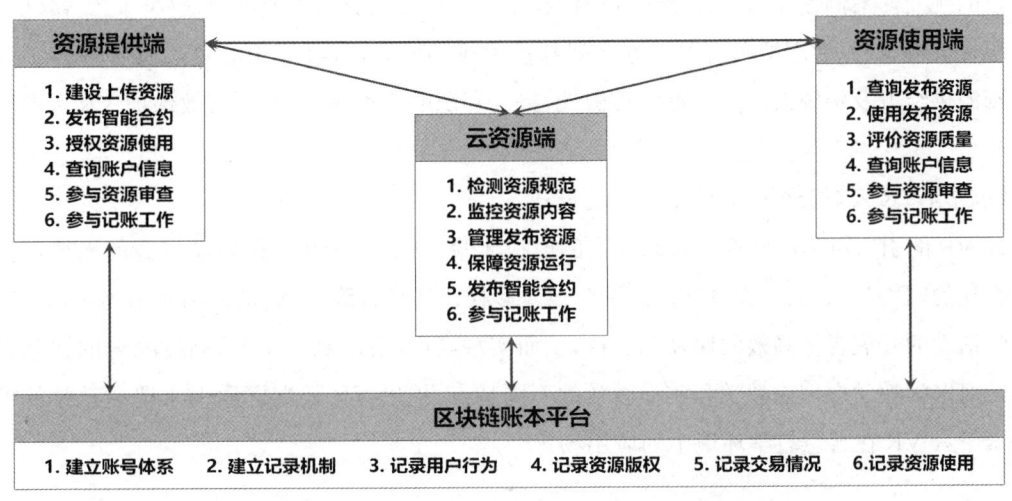

图5-6 基于区块链的云VR资源管理框架

4. 实现智慧教学环境中云VR多样化教学模式

本案例多样化教学模式主要包括三大类:多人沉浸式虚拟现实教学、小组协作式混合现实教学及异地协同式虚拟现实教学。

多人沉浸式虚拟现实教学过程中,教师与学生可全员全程佩戴虚拟现实头盔,进入同一虚拟环境中进行学习并完成各项教学任务,从而实现全部教学要素的协同沉浸化。

小组协作式混合现实教学适用于机械设计、理化实验、医学操作等实践性与操作性较强的教学内容。利用全息医学教学场景及空间定位锚点,学生可通过无线一体式混合现实头盔在现实场景中自由移动,与预先设置好的虚拟物体交互并可和其他组员一同协作完成特定的教学任务。教师则可以进入任一小组的混合现实场景进行辅导讲解,有效提高学生学习的主动性、积极性与参与程度,并可对学习活动进行全过程、多维度和多主体的数据评价,创新协作式教学的评价方法。

异地协同式虚拟现实教学可实现异地分布式多人协同教学,基于广域互联网并分属异地的教师可通过虚拟现实头盔,浏览和操作同一场景,让身处不同空间、地域的老师及学生,能够进行实时同步教学,突破现今远程教学缺乏互动的限制相互协作地共同完成对同一班次的教学工作。

四、 主要成效

1. 创立 VR 云端资源管理机制

云 VR 技术将云计算、云渲染、5G 等理念引入 VR 业务应用中,具有平台统一、灵活部署、易于推广等特点,为 VR 资源的推广应用打开了广阔空间。但是,云 VR 技术也为 VR 资源管理带来了新的挑战。案例创立了一种基于区块链技术的 VR 云端资源管理机制,解决了云 VR 资源管理资源提供端、资源使用端和云端三方之间利益关系的问题,打破了中心化运营管理模式,能够激发资源供给方及资源需求方的参与积极性,提高资源的管理效率,并可有效保护 VR 资源版权。

2. 创新 VR 云端资源引入课堂教学的模式

云 VR 的引入可为医学教学带来丰富的虚拟体验、自由的交互协作以及资源的无缝衔接,利用泛在化的网络接入、云 VR 教学资源平台以及多样化的设备终端,满足多种应用场景,为各项医学教学活动的开展提供高效的保障和支持,从而实现高度沉浸、高度交互、高度融合的智慧教学。案例针对医学教学中理论教学和实操教学的不同特点,提出 VR 云端资源引入课堂教学的模式,并探索了云 VR 在智慧教学环境中的应用场景。

五、 实践成果及后续行动

项目构建基于云 VR 的医学虚拟现实的实训教学环境,建立 VR 实训室一间,配置包括高性能计算机 10 台,可穿戴虚拟现实设备 6 套,VR 全景直录播设备 1 套,VR 全沉浸式医学教学资源 8 套,类型涵盖基础医学、临床医学等多个医学专业方向。基于 VR 资源"云-网-端"架构应用支撑环境构建方案,构建 VR 资源云端部署、5G 链路传输、终端灵活应用的资源分发体系,并已进行实践性验证,包括云 VR 硬件平台及云 VR 资源平台。提出 VR 云端资源引入课堂教学的部署应用模式为云 VR 引入高校课堂教学提供了可行、有效的实施方案。基于海军军医大学本科生选修课《智能医学》开展,两年来共完成 6 班次 150 学时的教学任务,围绕项目所开发的课例《军事体育全景系列教学视频》获 2019 年度上海市医学会视听教育技术专科分会优秀教学成果特等奖,发表相关研究内容论文 3 篇,授权专利 1 项。

第三节 上海理工大学《线上线下深度融合"一网畅学"智慧学习平台实践》

一、摘要

　　响应智能时代教育数字化转型策略,适应学校发展规划,上海理工大学开展智慧教育创新实践,建设平台+资源+服务三位一体的线上线下深度融合"一网畅学"智慧学习平台。平台致力满足教师的多元化、通用化的教学需求,支持教师开展MOOC教学、直播教学、混合教学、翻转教学等多样化教学模式。在新的智慧教育创新模式下,实现教与学全过程、全流程的高效管理,强调"以学生为主体、以教师为主导",开展讨论式、启发式、参与式教学,建立基于探索和研究的教学模式,打造统一的教学研究中心,全面提升师生体验,助力教学数字化。此外,平台结合线上教学环境和实体教室教学环境,围绕教、学、评、管四大维度,为师生提供智能化教学服务,并以此构建网络学习空间与实体教学课堂相融合,理论学习与贴近业界前沿的软件及算法类实训相结合,覆盖线上、线下全空域的创新型教学空间。本项目主要通过线上教学、互动教学、教学资源库建设、教学评测、过程性数据分析等多个角度展开实践。充分利用上海理工大学智慧校园建设数据基础,为教学模式创新持续赋能,利用数据中台,实现教务管理、智慧教学环境、教学过程全面打通,采用AI算法,全面实现教学过程数字化,教学管理精准化,教学评价科学化。

二、背景

　　上海理工大学历来重视教育教学模式的创新,在线上教学方面,通过线上教学课程培育项目,孵化了一批优秀的在线教学资源;同时,很早就开始尝试建立学校自己的线上教务平台,包括本科生教育阶段、研究生教育阶段以及继续教育阶段。但缺乏一个一站式智慧学习平台对所有学院、所有课程、所有教师进行统一管理,没有完成教学全场景覆盖,建成后师生使用率偏低;且各院系的教学系统数据独立,当教师跨学院教学时给师生造成极大的不便。多个教学资源系统并行,缺乏统一的教学资源管理,造成资源难统计、难管理、难利用等难题,难以同时兼顾线上教学、直播教学与远程互动教学等多种教学应用,同时平台在数据安全、运维、稳定性等方面均有待提升。

随着人工智能、大数据、物联网等新兴技术逐步落地并为教学服务,上海理工大学积极开展智慧教育创新研究和示范,推动新技术下教育的模式变革和生态构建。通过建设平台＋资源＋服务三位一体的"一网畅学"智慧学习平台,开展智慧教育创新实践。平台以学生为中心,打造线上教学空间,实践探索线上线下混合弹性教学模式,实现面向教育教学资源云共享,围绕"课前"、"课中"、"课后"整个教学闭环,构建线上与线下相结合、课内与课外相融合的智慧教学生态。通过信息技术与教育教学的深度融合,促进优质教育资源共享,改进教学模式。在当前的形势下,线上与线下教学混合的教学方式和移动学习已经成为学校教学常态化新模式。

三、 智能化创新举措

1. 满足个性化教学与教学运行管理

教师可通过平台对学生的学习情况进行实时追踪,及时了解每个学生学习情况,针对每个学生的学习进度和完成情况进行自动化的学习预警,适时进行教学设计调整和教学干预,进行针对性教学。将积累的教学、管理、行为数据进行全量分析,依据学校教学管理业务进行大数据分析和可视化呈现,实时输出教学运行的大数据分析。

2. 建立过程性评价体系

平台利用教学过程中的大数据进行智能化分析,生成个性化教学报告。通过 AI 算法对学习行为进行细致化的分析,从而将学生学习进度、学习指标的完成情况,生成课堂报告。基于个性化教学辅助,有效调动学生课前准备、顺畅实现课中混合互动,有针对性地教学引导,并提供全面细致的学习过程记录,协助老师持续提升教学技能。

生成面向教师的教学报告以及面向学生的学习报告两种类型(图5-7与图5-8)。老师的课堂教学报告根据本堂课出勤率及变化趋势、应到人数、实到人数、请假人数、缺勤人数,本堂课整体活跃度及变化趋势、各类活动的发起次数、参与率、随堂测的正确率,本堂课最活跃的学生及其课堂参与情况汇总,及课程整体教学进度。学生的课堂学习报告可展示课程学习完成度,本堂课出勤情况、整体出勤排名、累计请假缺勤次数,本堂课活跃度和活动参与情况,本堂课课堂表现得分、累计得分、班级排名。

3. 打造数据赋能的统一的教学服务中心

平台依托学校智慧校园整体规划,利用数据中台数据赋能,实现统一数据、统一流程、统一服务、统一管理,持续创新,打造统一的教学服务中心,集成 WeLink 直录播应用,智慧教室直录播平台,各培养层次教学管理平台,整合数字化的教学资源库,积极尝试混合创新式教学体验,配合学校长久的教学发展战略。

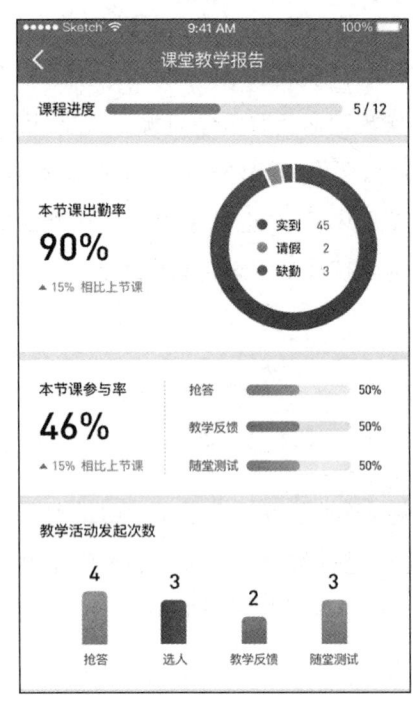

图 5-7 面向教师的教学报告

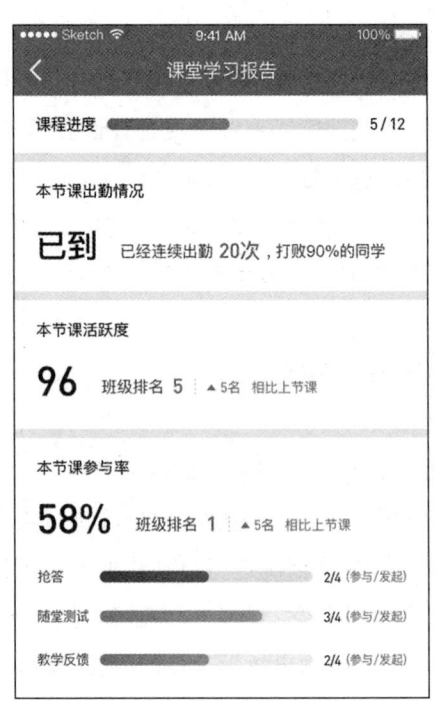

图 5-8 面向学生的学习报告

图 5-9 "一网畅学"智慧学习平台总体架构图

四、 主要成效

1. 业务系统一体化,资源管理统一化

与学校智慧校园建设全面融合,实现多终端统一入口,统一身份认证、与校内各业务系统的数据实时互通,方便教师、学生、教务人员等不同角色从同一个平台接入并进行作业;汇聚多类型、多渠道学习资源,实现资源统一管理、分类整合、资源存储、资源评价和资源利用。

2. 构建服务于全校整体教学业务的统一平台

实现多样化教学业务开展的统一平台,既满足课程建设,又满足资源的统一管理和共建共享,不断积累和沉淀优质资源为教学长远发展服务。既可满足服务校内师生的 SPOC 教学,又可服务校外学习者的 MOOC 教学,在满足校内教学业务及数据对接的同时,支持外部自主注册学习,避免因建设线上精品课将学校优质课程分散在不同的 MOOC 平台上。既满足线上教学及直播授课,又可支持校内各类教学教室环境下的互动教学、分组教学,避免因为建设不同的教学环境而采购零散的课堂互动工具,造成老师使用的割裂。

3. 提供高质量教学服务

教学平台兼顾资源管理、线上直播教学、课中互动、移动学习、实践教学和数据分析等各项需求服务,通过统一的服务门户(Web、App、H5 应用等)为学生、教师、教务、管理人员等各个用户角色提供个性化的服务;用户在一个平台内,即可实现各种功能的使用,打造高质量、沉浸式的教学体验。

五、 实践成果及后续行动

自平台建设以来,上海理工大学已经在学校多个院系开展智慧教育创新实践应用。根据平台数据统计,截至 2021 年 12 月,机构总访问量达到 211 046 人次,其中教师访问量达 16 538 人次,学生访问量达 194 508 人次。课程总数 8 429 门,用户总数 137 761 人,且均为有效正常账户。教师使用主要集中在课件资源发布、上课考勤、作业发布、建立讨论、调查问卷、公告等多种教学活动,并且采用线上测试的方式组织期中测验,教师可通过在线监考,实时了解学生答题、考场纪律,为安全保障工作提供有力支撑。

"一网畅学"移动端完成与"智慧上理"统一移动门户应用融合,用户使用统一身份登录即可应用,无需多个入口,多次验证。教师可轻松完成线上课程和资源管理,组织开展线上线下和课上课下的全过程教学管理。学生可通过多种终端方式进行课堂签到、观看直播、查看课件、提交作业、讨论等创新式学习体验,时时处处进行学习互动。

　　混合弹性教学实践从教学资源、教学环境、教学模式、教学设计等方面重构运行生态,教师备课、课堂互动、教学直播、作业发放批改以及学生预习、课堂回顾、提交作业等多种教学应用均可以通过多终端实现。网络化存储,使教师教学与学生学习不再受时间空间限制,实现创新教学轻量化、常态化。

第四节　上海信息技术学校《"大数据＋虚拟仿真"教学实践应用》

一、摘要

信息技术大爆炸的时代,互联网技术、计算机技术飞速地发展,虚拟仿真教学作为信息化时代教育改革最重要的举措之一,被越来越多的高校所接受和重视。虚拟仿真技术可以很好地模拟出生产、建设、服务和管理岗位的原生态,提供真实的实验环境、实验工艺和实验工具给学习者进行学习培训,有效提升课堂教学质量。

由上海信息技术学校与上海明材教育科技有限公司共同发起,智能制造虚拟仿真教学应用实践共同体实施的"大数据＋虚拟仿真"教学项目结合学习者个性化学习需求,着眼于大数据、虚拟仿真两大高新技术,构建了一套基于大数据的教学支撑体系,构建精准资源、学习平台、学习环境。为学生创建了一个全天候、全空间、高效和高保真的学习环境,让学生通过虚拟与现实的真实交互,激发学习热情。

二、背景

虚拟仿真教学是指采用虚拟仿真技术对实验部分进行教学。利用虚拟现实技术和仿真模拟技术,构建与真实实验环境相似的场景,并能与学员进行灵活多样的互动,形成安全、高效、经济、开放的新型教学模式,是互联网＋时代教育改革的发展方向和实践教育信息化的重要手段。

上海信息技术学校"大数据＋虚拟仿真"项目利用虚拟现实技术,学生在学习活动中打破时间、空间限制,对虚拟环境中的对象进行操作,如同在真实世界中一样得到实在的反馈,最大限度地激发学生学习兴趣。同时借助物联网、大数据应用等手段,采集和分析学生的学习数据,以学生为中心,画像出每个学生差异特点,再通过数据实现智适应成长,从"知识的传授-能力的内化-素养的提升"角度,来达到千人千面个性发展,从而实现精准指导学生个性化学习需求和学习策略,使整个教学过程和教学结果实现可度量、可监测、可调控。

三、 智能化创新举措

1. 构建基于大数据的教学支撑体系

以大数据为强大技术支撑，构建精准资源、学习平台、学习环境，构成精准教学支持体系与框架。系统采集与分析学情数据，确立教学目标。精准设定教学目标的关键在于通过读取学生学习的动态关键数据节点进行系统分析。

2. 创设学习环境

依托行业企业标准，在智能制造专业实训教学硬件设备不足，贵重设备无法进行拆装和联调等条件下构建精准学习环境，从而真正满足理实结合、知行合一、工学一体的有效衔接。本项目全天候接收信息的互联网技术和立体化、全方位的感官刺激的虚拟仿真技术使学生能够全天候、全空间、高效和高保真地获取教学信息。学生可以对虚拟环境中的对象进行操作，并能如同在真实世界中一样得到实在的反馈，实现互动教学实验，可最大限度地激发学生学习兴趣，有助于发展学生的构建思维。使学生具备应用良好信息技术手段来获取学习知识的能力，具有良好的创新精神和独立思考的能力。

3. 个性化选取、精准化推送

教学资源既要满足教师教授课程的需要，更要满足学生自主学习、个性化学习和职业能力提升的需要。本项目借助大数据应用，采集和分析学生的学习数据，实现精准把控学生个性化的学习需求和学习特征，解决以往经验主义教学的粗放与低效问题。

四、 主要成效

1. 教学知识、评测结果可视化

突破了时间、空间以及实验台套数的限制，还突破了实验原理、实验过程等不可视之限制。既可以实现学习表现自动化测量、记录及结果可视化呈现，也可以提高数据采样频率，进而提升教学的流畅度；同时海量数据处理能力，让教学模式摆脱规模的束缚，实现从智能制造专业拓展到其他学科。

2. 扩大了虚拟仿真的教学时空

让师资资源不足这一问题得到缓解，同时又大大减少了高成本、高消耗、高危险、高污染的实训环节，在实践教学环节中，可以虚实结合，解决实践教学资源不足的问题。让学生在高仿真环境下,既保证安全又能高效地开展教、学和练,不仅节省了大量时间和经费,避免实际操作过程可能出现的危险,又有效提升学生的实践动手能力和创新能力。

3. 数据推动的个性化学习

解决专业技能教学目标大而泛、教学内容缺乏针对性、教学过程固定呆板、教学评价重结果轻过程。教学的主体不再限于教师和学生,教师也不再是教学的唯一主导者,以学生为主体、多元参与的教学成为可能——学生为自己量身定做教学方案、测量数据,家长快速、全面地掌握学生的学习表现数据,教育管理者根据相关数据更好地组织教育资源、制定教育改革的方向和措施。

五、 实践成果及后续行动

为了加快虚拟仿真教学实践应用推广,同国内其他院校成立虚拟仿真教学实践应用共同体,目前共同体成员共有 10 家,截至 2021 年 6 月,已初步完成"大数据＋虚拟仿真"共同体的机制建设和应用路径研究。

后续,学校还将逐步健全虚拟仿真实验教学项目的共享机制,同时采取必要的措施,明确知识产权归属,对其进行知识产权保护,保护开发者的权益。通过校企合作共同研发虚拟仿真实训教学资源、企业为高校提供实际的技能培训、以虚拟仿真资源为依托培训企业技术人员以及通过收益合理分配,构建利益共享机制。虚拟仿真教学实践应用共同体将继续吸纳新成员,合力探索推进虚拟仿真精准教学应用的落地实施及长效机制。

第五节 上海长宁区业余大学《云视课堂探索终身教育优质公平发展》

一、摘要

云视课堂运用云视频、智能推荐、大数据分析、云安全防御技术、语音识别等技术,将优质的终身教育资源横向覆盖到社区居民、高龄老年人、行动不便者、青少年、在职人员等不同群体,远程辐射到云南红河、保山等偏远地区,使更广泛的社会群体享受到优质的终身教育资源,扩大了全民终身学习机会;基于教育数据的精准采集与智能分析,为不同类型的学习者智能推荐学习课程,满足了学习者多样化、个性化、多层次的学习需求;而集中统一管理云视课堂课程,实现了学习者有效的远程学习。

二、背景

人工智能、大数据等新技术为终身教育发展助力,但终身教育也面临着资源分配不均、资源质量良莠不齐、交互沟通即时性弱等挑战。在此背景下,上海市长宁区业余大学(上海市长宁区社区学院)云视课堂项目的探索,为终身教育的优质公平发展提供了一份参考。终身学习云视课堂是运用云视频、智能推荐、大数据分析、云安全防御技术、语音识别等技术,将授课现场、社区学习点和学员等在线连接起来,实现线上线下教与学即时互动的新型终身教育模式,为优质终身教育资源不受时空限制的共建共享搭建了新型智能化平台,让社区中包括高龄老年人、行动不便者等在内的居民学习者"足不出户"就可以在线实时参与终身学习,打通了市民学习的最后 100 米,以及通过凝聚优质终身学习资源向中西部偏远地区输送,为智力援助插上"云翼",助力解决区域之间教育发展不均衡的问题。

该项目还创设了"终身学习云视课堂协同管理平台",将原来松散的云视课堂课程转变为集约高效的统一管理,并且通过系统智能排课、账号集约配对、学习便捷可及、云端课程可溯、数据精准可视、资源远程辐射等功能为更多的学习者提供精准、个性、优质、便捷的教育援助服务,促进了终身教育优质公平发展。

三、智能化创新举措

1. 云视频技术加持的在线课堂

通过云视频技术支持全终端部署，学习者通过手机或电脑随时随地一键进入课堂，拥有 5G 或 4G、Wi－Fi、有线网即可享受高清视频音频以及数据的在线实时互动，为广大社区学员以及高龄老年人、残疾人群、偏远地区的学生提供了在线即时参与终身学习的机会。

2. 搭载智能分析的个性化课程推荐

通过云安全防御技术、语音识别技术在定期检测与实时警告的同时，进行课程内容的审核与质检，保障终身教育在线学习资源的高质量。并通过智能推荐、大数据分析技术，实现课程关键信息实时提取、学习者在线学习行为画像、数据统计可视化呈现，为学习者展示其基本信息、学习足迹、学习积分，还根据学习者个性化的学习行为和学习轨迹，自动推荐相关课程和资源，以及提供相应的服务支持。

3. 构建"终身学习云视课堂管理平台"

基于大数据、精准服务、资源共享、协同管理的建设理念，创新推出"终身学习云视课堂管理平台"，将原来松散的课程转变为统一管理，使其更加有效支持协同管理，实现教学管理的集约高效、智能便捷、精准可视，有效实现云视课堂课程的管理和支持服务，提升不同人群在线学习的体验。

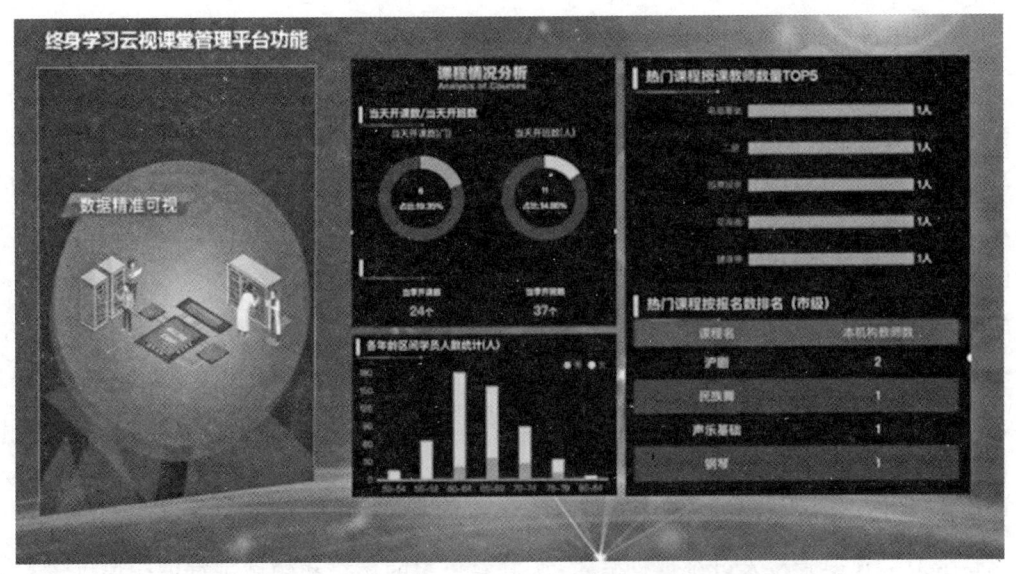

图 5－10　"终身学习云视课堂管理平台"数据可视化界面

四、 主要成效

1.简化终身教育课程路径，实现云端大范围覆盖

目前云视课堂已经在上海市 16 个区实现全覆盖，并且不断向中西部偏远地区延伸，在"从点到面"一步步探索推进的过程中，云视课堂利用云计算技术将终身教育授课现场呈现在网络云端，学员可以通过在线的形式进入云端课堂，摆脱了传统课堂教学在时间、空间、学员数量方面的限制，扩大社区居民学习覆盖面。

2.促进云端课堂高效开展

云视课堂打破了在线课堂不能互动交流的弊端，让广大社区学习者，特别是让高龄老年人、行动不便者、偏远地区的学生能够实时学习优质的终身教育学习资源。此外，云视课堂利用大数据分析、智能推荐等技术为学习者提供精准化、个性化的资源推荐，也为教师教育教学和学习指导服务提供了便利。

3.突破时空和资源分配的限制，促进教育公平

云视课堂将更多优质的教育资源惠及更广泛的人群，实现了优质资源的泛在可及，并且在有效解决边疆地区师资缺乏、教育资源不平衡、弱势群体学习者的问题，促进教育公平和服务构建全民终身学习的教育体系、助力决战脱贫攻坚等方面起到了积极的推动作用。

五、 实践成果及后续行动

云视课堂汇聚了上海 16 个区以及长三角地区优质的云视在线直播课程，面向全市居民开设线上直播课程 210 多门，内容涵盖健康养生、艺术修养、实用技能、体育健身等，让越来越多的学习者特别是高龄老年人、残疾人等出行不便的群体足不出户就能享受更多的优质学习资源，以其优质的内容、数字化的形式和云视互动特色满足了近 20 万人次的学习需求。

此外，学校借助云视课堂平台开启远程智力扶贫特色模式，从 2017 年开始，云视课堂多次应用于东西部社区教育对接的尝试，先后在云南红河哈尼族彝族自治州金平县、云南保山等地开通了"长宁-金平对口帮扶云视互动课堂"、"上海长宁-云南保山社区教育云视课堂"、"都江堰市柳街小学希望工程爱心云视课堂"、"上海长宁-云南红河智慧云视课堂"，让偏远山区的学生能够享受优质教学和课程资源，截至 2021 年 6 月，已经有超过 31 500 人次学生从该项目中受益。

终身学习云视课堂技术可延展性特点，为其在更多的场合和领域进行推广提供了充分的可能性，它不仅可以应用于终身教育的在线互动课程，还在市民修身、学历教育、技能培训、

课程教研等领域发挥出独特的优势。未来，终身学习云视课堂将在线上线下混合式教学、实时深度互动、市民学习画像等方面实现新的突破与创新，继续扩大终身教育的包容性，为更多的学习者提供个性化、智慧化、体验式服务，让每一位学习者都能得到全面而有针对性的发展。

第六节　腾讯《AI 技术助力教学体系创新》

一、摘要

在互联网、物联网、大数据、云计算和人工智能等技术的影响下，教育逐步从传统教育向智慧教育变革，开启了教育信息化 2.0 时代。智慧教育是新一代信息技术与教育教学深度融合、创新发展的教育新形态，为尊重个体价值、追求人的全面发展的个性化教学提供了可能。基于开放远程教育领域的诉求，腾讯参与了上海开放大学发起的"上海开放大学智慧学习中心项目"。基于腾讯的 C 端连接、云计算、实时音视频、大数据、物联网、AI 等技术，该项目打造了人工智能基座、融智慧环境、智慧学习、智慧管理和智慧服务于一体的 OMO 学习空间，让教师能够施展高效的教学方法，让开放学习者能够获得适宜的个性化学习服务和体验，也为上海终身智能学习服务提供了应用场所。基于技术与教育之间的不断碰撞、融合和创新，腾讯为学习者们提供了更加个性化的学习方式和学习体验，为信息化技术助力教学效果的提升树立了全新的标杆。

二、背景

为了助力上海教育未来的发展前景早日实现，共创一个面向人人终身学习的智慧学境，腾讯基于技术＋教学的深度融合创新，实施大规模个性化因材施教，构建线上线下智慧教学空间，开展智慧教育创新研究和示范。

智慧教学意味着学习者的学习过程可记录、情景可识别、环境可感知、社群可联接。因此，结合上海开放大学业务需求和学校现状，提出了与教学、管理、课堂、双师、数据这五个方面的融合目标。基于这五个方面的融合目标，及腾讯在音视频直播、云计算、AI、物联网的全球领先技术能力，腾讯构建了一体化智能教学平台整体架构，以智慧校园人工智能平台为支撑，打通教务管理、教学过程、教学资源、教学评价多个维度，实现教学全业务链的数字化与在线化。

三、智能化创新举措

1. 构建智慧校园人工智能基座

整个项目建设以前期信息化建设为基础，围绕"大中台，小应用"的建设思路，从国家加强新

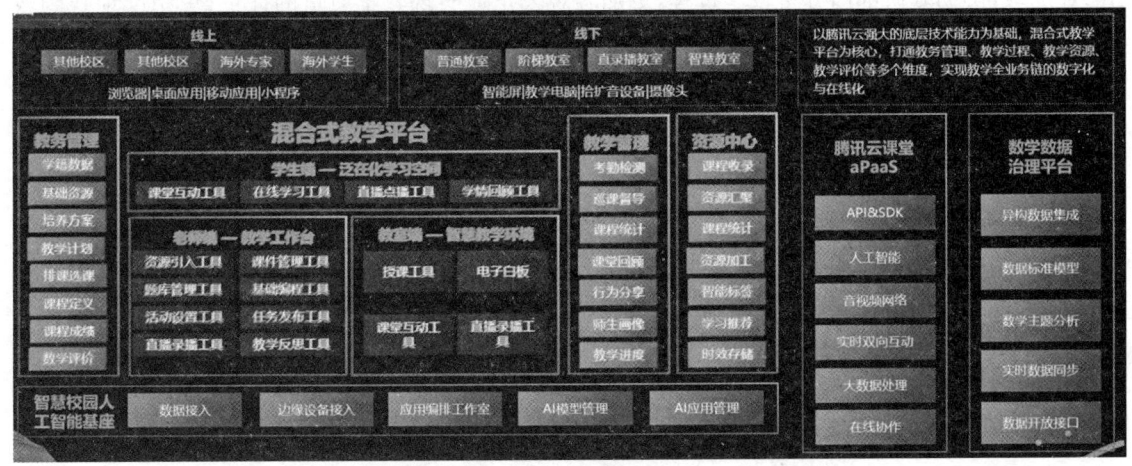

图 5-11 一体化智能教学平台整体架构

基建建设的整体战略出发,强化基础平台建设在信息化建设过程中的重要作用,构建统一的智慧校园人工智能平台,通过提供统一化、标准化的管理能力和服务能力,逐步实现对学校各类业务应用的赋能,实现 AI 在校园管理、教学、科研、服务的普及,加大人工智能技术的引入,为学校信息化发展注入新的活力。

2. 实现泛在化教学环境普及

让常规教学空间具备随时开展线上教学、远程互动教学的能力,让教师和学生可以随时随地接入线上学习空间,无障碍地开展教学活动。因地制宜建设多种类型及用途的智慧教室。

3. 实现常态化校本教学资源积累

基于教学在线化和 AI 处理能力,在教学活动中可以随时对教学过程进行数字化记录,并保存至校本教学资源库中。同时,还能随时对被记录的教学过程进行编辑、处理,最大程度地积累和利用校本教学资源。

4. 升级智慧物联能力,统一管理信息化教学设备

在智慧教室中引入设备智能管控、高清录播、互动教学以及远程直播互动等先进的物联网相关技术,提供统一的智能运维、物联控制功能,将所有空间及物联设备进行有效的管控,以智能运维模式进行运营,并通过对教学及管理数据的收集、诊断和分析,为学习中心提供智慧管理及决策。

5. 建立客观、公正、数据辅助的教学质量评估体系

在以上前提下,通过引入人工智能、大数据等技术,实现教学过程数据的结构化与标签化,打

造 AI 助教,协助教研部门分析教学过程,更加客观公正地实现教学质量的评估,更精准地找到教学质量改进的方向,从而为学校提升教学质量提供支撑。

四、 主要成效

1. 构建人工智能基座,逐步实现校园智能化

构建智慧校园招、教、评、学、管多个业务层面 AI 共性能力基座,以基础平台为支撑,打通校园设备、业务、管理之间的联系,屏蔽底层人工智能技术的多样性与复杂性,为不断演化、创新、迭代、更新的人工智能技术提供统一的管理平台,提供共性服务能力,支撑学校各层面复杂的 AI 业务应用开发,逐步实现学校向智能化转型,主要包括实现与业务数据打通、边缘智能设备的打通、人工智能模型的管理、AI 业务应用的可视化编排、AI 业务应用的管理等 AI 应用开发及管理的全栈式功能。

2. 提高教学效率,辅助教学管理

在教室中,除了老师,还会有一位神奇的 AI 课堂小助手——"叮当"机器人。"叮当"不仅可以控制教室内的设备,还可以通过语音快速搜索答案,协助教师开展教学。在此过程中,通过腾讯云小微的智能服务开放平台进行后台支持,方便了教学工作的开展。同时,在课堂教授过程中,没有了以往繁琐的点名方式。通过腾讯优图 AI 分析功能,可快速得出每堂课的到课率,为教学决策和教学优化提供数据支撑。

在教学内容整理方面,针对以往教师精力不足、教学内容难留存、难管理的问题,腾讯提供了以腾讯同传为核心能力的同声传译和智能记录方案。该方案不仅能支持智慧教室举办中英双语学术交流会议和教学活动,也可以高效整理课堂笔记,提高课堂教学质量,释放教学者的精力。

3. AI 助教系统,分担老师教学工作

基于知识图谱技术,腾讯打造了 AI 助教系统。该 AI 助教系统深入到核心的教学领域知识图谱领域进行探索,目前对部分课程已经开放了辅助能力——主要包括课程问答、知识图谱、口语评测、论文评测等核心功能。在课程问答交互界面,学习者可得到 AI 助教的文字和语音回答;在口语评测界面,学习者可快速进行英文口语的自评测和得分分析;学生在线学习课程时,可提供 AI 讲课功能,例如增强讲解、内容补充、各种交互等。

五、 实践成果及后续行动

腾讯教育以科技+教育为核心,以云平台为基础,以连接、内容、社会责任为出发点,助力教

育公平化、个性化与智慧化发展。截至目前,腾讯教育服务学校累计超过 10 万所,教育机构超 30 万家,覆盖超过全国 1 000 多个省市区县教育主管部门,服务用户数超 4 亿。

后续,该项目还将从四个方面进行优化升级。第一,构建智慧校园人工智能基座 AI 中台。围绕基座实现人工智能能力的可视化、便捷化管理,构建 AI 共性能力平台,实现对全校教、学、训、评管各个业务环节赋能,为整体智慧校园的智能化发展提供助力,加速学校向智能化转型。第二,AI 助教智能升级。通过构建专题知识库,结合 AI 与知识图谱能力升级,梳理各类知识点,并在此基础上优化 AI 助教机器人。未来,AI 助教机器人可以为每位学习者提供更为个性化的分析和指导,进一步提高学习效率,提高学校的服务水平,形成以学习者为中心的教学模式转变,促进教学模式从知识传授到知识建构的转变。第三,打造智慧教学辅助评价应用(督导)。通过更全面、更准确地量化老师的授课质量情况,协助人工督导对老师进行综合性评价,建立一套标准化教学评价系统。一方面可以降低人工督导、教学质量监管团队的人力和时间成本,另一方面还可以提高学生的学习体验和学习热情,以此打造全国高校教学评价体系标杆。第四,在全周期综合教学服务上,从人机交互向交互智能升级,基于数智人能力提供更为亲切、生动的形象和互动体验,为学习者带来更高质量的信息交互以及建立更深的情感链接。

第七节 松鼠 Ai《智适应系统助力智慧校园减负增效》

一、摘要

自 2017 年以来,国家多次发布重要文件强调,人工智能是引领新一轮科技革命的重要驱动力,要积极推动人工智能和教育深度融合,促进教育变革创新。

松鼠 Ai 利用 SaaS 软件和智能硬件结合的 AI 智适应教学系统,运用大数据、AI 算法、智适应学习引擎等技术,重点抓住老师精准教和学生个性化精准学这两方面,服务于老师、学生、家长、学校管理者和区域管理者五大主体,为"教"、"学"、"测"、"评"、"研"、"管"提供多维全面的智慧化教育解决方案。

二、背景

松鼠 Ai 通过精准测、个性化精准学、精准教研、数据化管理等 SaaS 服务为中小学提供人工智能虚拟老师的教学与助教服务。其中人工智能自适应学习引擎以人工智能 AI 老师个性化教学＋真人教师助教的模式,实现因材施教,提升教学质量,促进教育公平。智适应系统运用"测试-学习-练习-测试-答疑"专业课程体系,智能进阶,让学习更有针对性。

学习过程-数据检测，个性化调整　松鼠 Ai

化学学科

姓名	走进化学世界			我们周围的空气			物质构成的奥秘			
	学后整体掌握情况	总正答率	重要程度	学后整体掌握情况	总正答率	重要程度	学后整体掌握情况	总正答率	重要程度	学后整体掌握情况
由好	66%	56%	一般重要	66%	61%	一般重要	83%	65%	不重要	78%
孙彤	75%	66%	一般重要	85%	57%	不重要	77%	60%	一般重要	/
王艺菲	68%	39%	一般重要	70%	38%	一般重要	83%	59%	不重要	80%
高云霓	69%	43%	一般重要	67%	42%	一般重要	82%	55%	不重要	79%
刘海英	/	/	/	77%	53%	非常重要	77%	63%	一般重要	82%

姓名	金属和金属材料			溶液			酸碱盐的性质		
	学后整体掌握情况	总正答率	重要程度	学后整体掌握情况	总正答率	重要程度	学后整体掌握情况	总正答率	重要程度
由好	70%	53%	一般重要	83%	71%	不重要	61%	52%	非常重要
孙彤	64%	53%	一般重要	69%	63%	一般重要	58%	48%	一般重要
王艺菲	82%	52%	不重要	82%	53%	一般重要	73%	47%	一般重要
高云霓	75%	44%	一般重要	57%	29%	一般重要	61%	33%	不重要
刘海英	64%	49%	一般重要	63%	51%	一般重要	63%	45%	非常重要

姓名	章名称	日期	学后整体掌握程度	正答率	已掌握知识点个数	未掌握知识点个数
由好	走进化学世界	2021年4月28日	66%	56%	7	1
	我们周围的空气	2021年4月28日	66%	61%	11	2
	物质构成的奥秘	2021年5月1日	83%	65%	13	0
	自然界的水	2021年5月3日	79%	82%	12	1
	化学方程式	2021年5月7日	81%	59%	5	1
	碳和燃料	2021年5月8日	88%	73%	17	0
	金属和金属材料	2021年5月10日	70%	53%	19	5
	溶液	2021年5月11日	83%	71%	22	1
	酸碱盐的性质	2021年5月17日	61%	52%	44	20
	化学与生活	2021年5月14日	66%	65%	9	3
王艺菲	走进化学世界	2021年5月1日	70%	39%	19	2
	我们周围的空气	2021年5月1日	70%	38%	12	2
	物质构成的奥秘	2021年5月3日	53%	59%	25	0
	自然界的水	2021年5月3日	50%	52%	20	1
	化学方程式	2021年5月14日	69%	35%	16	3
	碳和燃料		0			
	金属和金属材料	2021年5月10日	82%	52%	25	2
	溶液	2021年5月11日	83%	53%	22	1
	酸碱盐的性质	2021年5月13日	77%	47%	54	10
	化学与生活	2021年5月14日	72%	48%	10	2

依据每周学员学习数据，分析学习薄弱点，进行课前内容调整。

图 5-12　数据分析及检测学习过程

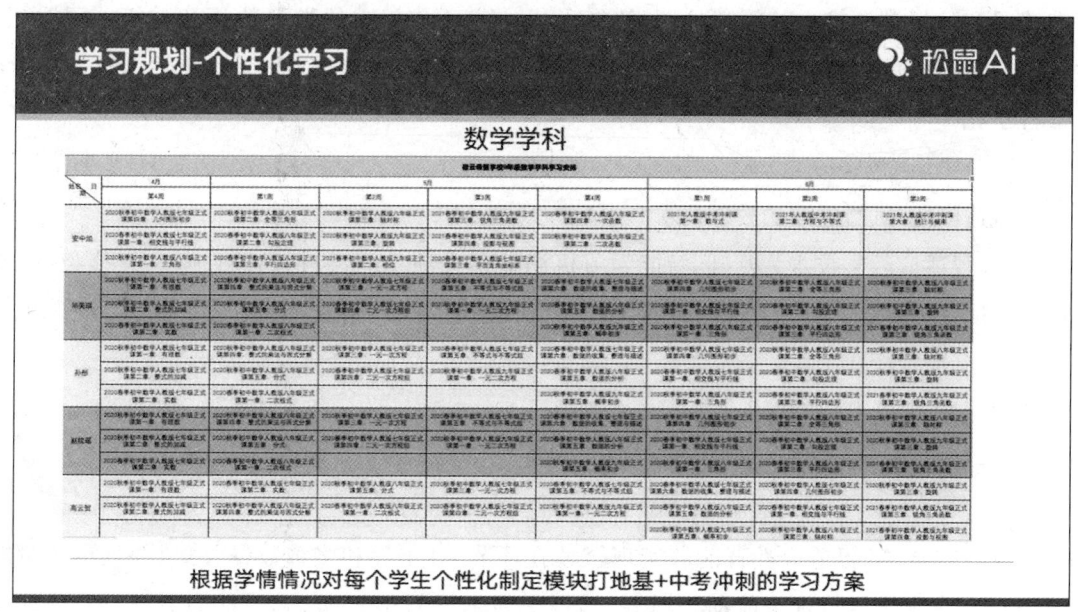

图 5-13　为学生制定个性化学习方案

三、 智能化创新举措

智适应教学平台运用大数据、AI算法、智适应学习引擎等技术，抓住老师精准教和学生个性化精准学这两方面，覆盖课前、课中、课后三大教学场景，服务于老师、学生、家长、学校管理者和区域管理者五大主体，为"教"、"学"、"测"、"评"、"研"、"管"提供智慧化教育解决方案。

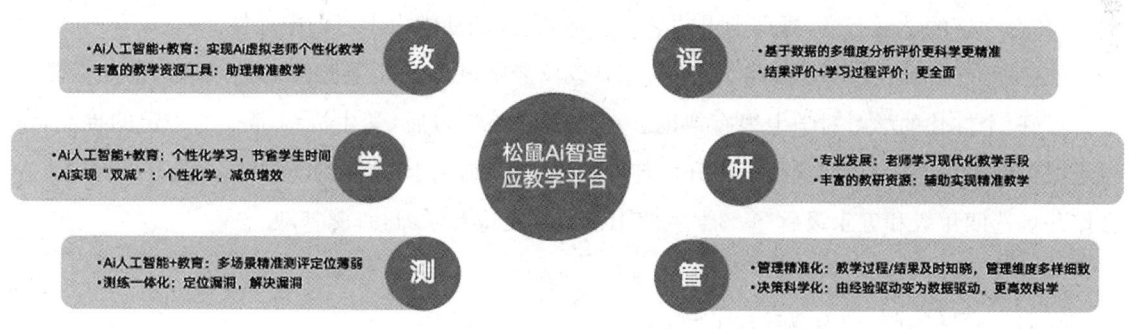

图 5-14　松鼠 Ai 智适应教学平台核心功能

1. 打造以 AI 智适应系统为核心支撑的个性化学习

智适应教学平台以智适应系统为内核，不但包含学生在学习过程中所需要的知识性内容，更利用算法、大数据等技术去帮助每个孩子规划自适应的个性化学习路径。根据不同的场景，平台还为老师和学生提供课前预习、课中 AI 老师精准教学与学校老师答疑辅导、课后精准练习和追根溯源打地基等产品,并智能生成这些环节相应的学习数据及分析。同时,针对局端、校端管理者及老师,平台配有相应的教学辅助分析系统,让教学管理数据化,让教学决策科学化。

2. 打造依托 AI 智适应的教学技术

以 AI 智适应教学技术为基础,智能学习机涵盖了十项功能,包括 AI 打地基、智能诊断、知识点细致拆分、流程式学习、MCM 训练、错因分析、遗忘复习、错题本、报告反馈、L5 级人机互动等。

四、 主要成效

高级和完全 AI 智适应教育能够实现全教育环节 AI 主导和多维数据收集,并且运用策略类 AI 技术,实现学习目标智能动态规划、错因学习内容智能推送、思想能力方法 MCM 评测等功能,实现每个学生完全的因材施教和老师教学中的每个学生、班级整体的精准查缺补漏和教学。

1. 兼顾学生的学习效率与学习态度

在教育资源相对缺乏的公立学校,AI 智适应教育能够起到良好辅助作用——核心教学环节可以由智适应系统主导,而真人老师负责纠偏与干预,不同水平不同学习科目的学生可以在一个班级学习,真正做到辅助老师教学给老师减轻负担,对孩子因材施教。在提升学生的学习效率的同时,转变学生的学习态度,提高学生的学习兴趣,充分调动学生学习的主动性。

如在浙江乐清育英学校小学的实践应用:该校老师试用了几个松鼠 Ai 的账号,使用后觉得效果很好,个性化的学习对学生很有帮助。在使用系统学习后,学生成绩都有了一定的提高,学习习惯得到培养、学习兴趣得到了提升。与原来排名靠前的同学差距缩短明显。最终,与松鼠 Ai 合作并挑选四年级和五年级后 20% 学生使用松鼠系统进行学习,查漏补缺。

2. 打破空间限制,助力教育公平

由于师资力量匮乏、教学设备落后,偏远山区教育水平较低。个性化教育课程,能够科学地重构学生们的知识地图,为当地学生注入了新的活力,提升山区教育素质。

如实施的典型案例"贵州木杉"。项目在进行 11 个月以后,从当地两次评比的结果来看,木杉教学点取得不小的进步。在息烽县 2020—2021 年度上下学期两次期末评比中,木杉五年级整体的数学成绩,在全部 32 所学校中,得到了较大的提升:平均分数从第 6 位提升到了第 2 位;优秀率从第 6 位提升到第 3 位;低分率从第 21 位提升到第 1 位。

五、 实践成果及后续行动

以上海世外小学为例,学校在 2020 年疫情期间引入松鼠 Ai 产品为学生服务后,学生课次完成率高达 99％,人均学习知识点数量为 214 个。

通过建设智适应学校专用教室,松鼠 Ai 实现具体目标如下:第一,构建创新型的教学模式,实现因材施教;第二,实现教师精准辅导和学生个性化学习;第三,优质资源精准推送,助力教学教研;第四,过程性教学数据实时监控,促进教育科学管理决策。

第八节　金角鱼《用数值仿真和人工智能改变初中物理教学模式》

一、摘要

上海金角鱼软件有限公司和上海奉贤区教育学院教学研究中心发起《在线教学背景下初中物理课堂教学与金角鱼初中物理软件的有效整合教学研究》项目,联合推出探究式三维智能情境教学 SaaS 系统,将数值仿真和人工智能技术引入到初中物理教学中,突出核心素养培养目标,聚焦科学思维和科学探究,把传统教学模式转化为数字化教学模式。在上海古华中学等多所学校,通过技术和教学深度融合,倡导探究式教学,打造出了一个个鲜活的新型高效课堂。

二、背景

物理学本是一门充满趣味的学科,但不少学校的物理课堂往往枯燥乏味。教师在情境创设上乏力,学生动手操作机会很少。面对诸多教学难点,如二力平衡、电学故障、电学动态、分子动理论等,教师需要新的技术手段去化解难点。

为增加学生学习动力、提高参与度和学习效果,在物理教学的环节需要创设更多的情境。为解决教学难点,需要把数值仿真和人工智能技术引入到初中物理教学中。

《在线教学背景下初中物理课堂教学与金角鱼初中物理软件的有效整合教学研究》项目是运用数值仿真和人工智能技术激活初中物理教学,创建学生探究式学习场景,激发学生动手、动脑、动心、动情,改变"教"和"学"的模式;探索基于核心素养和 IT 技术支持的初中物理教学法,用新的方法和工具武装新一代教师,培养学科素养达标的高素质学生。

三、智能化创新举措

《金角鱼初中物理》是探究式三维智能情境教学 SaaS 系统。它建立了 200 多个交互式仿真探究情境,支撑充满感性感知和理性提升的学习过程和师生交互过程,还蕴含 PBL 教学思想和 STEM 手段。它解决了诸多教学难点,形成了生动完整的数字化线上物理教学平台,支持教师使用、师生共用、学生初学和提升、学生考前综合能力提高。

该项目研究过程中所应用的技术主要是数值仿真（CAE）和人工智能（AI）。具体做法主要包含三个方面：

（1）建立物理对象的数学模型及其相应的数值计算方案，形成高精度、高鲁棒性的 CAE 技术。仿真对象有电路、分子、热机、滑动、齿轮、声波、音阶、光路、柔性物体等；

（2）构建压力、压强等数字传感器，形成直观精密的探究环境；

（3）对电路、滑轮组、光路等实验设计和项目化制作进行智能评估。

四、 主要成效

该项目突出核心素养培养目标，聚焦科学思维和科学探究，把传统教学模式推进为数字化教学模式，改变了教和学的方式。它强调技术和教学深度融合，倡导探究式教学，打造出了一个个鲜活的新型高效课堂。

1. 解决了教师情境创设难的问题

用仿真技术创设互动情境，使物理对象的探究情境化、可视化、立体化、交互化、问题化。教师的授课讲解有依有据，学生也能更好地跟上教师的讲解思维及理解，教与学的步伐节奏趋近一致，实现了日常教学中的难点突破和探究式教学。

2. 解决了学生学习积极性调动问题

用数值仿真、人工智能、互联网等技术实现了"课堂四动"（情境互动、问题拉动、数据联动、平台驱动），通过"课堂四动"引发"学生四动"（动手、动脑、动心、动情）。课堂变得更活跃了，学生们兴趣盎然、参与度大大提高，他们喜欢自己动手操作，动手引发了动脑。教师讲解变少，提问变多，学生思维被激发起来了。师生交互层次和强度提升，课堂的内容得到了延展和深化。

3. 解决了应试教育和素质教育冲突的问题

缓解了教师复习课难以讲授的问题：复习探究化是二者融通的桥梁，让分数和核心素养俱增。将动手探究应用到了复习课，可继续贯彻核心素养教学目标。有了基于应用和深度学习的情境，难上的复习课变得生动和简单，教学转化率迅速提升。

五、 实践成果及后续行动

该项目先是在上海古华中学等十余所奉贤区学校实施，后来扩展到上海的杨浦区、闵行区、浦东新区、嘉定区，进而又延伸到江苏省和浙江省的部分学校。据不完全统计，该项目累计惠及学校 500 所以上、教师 1 500 名以上。随着实践的深入,本项目后来演变为《基于核心素养和 IT 技术支持的初中物理教学法实践研究》。

此外,该项目深受师生喜爱,得到领导的支持和肯定,激发了数百位优秀中青年教师积极投身教研,改进自己的教学,帮助了青年教师快速成长。它还有力地支撑了线上教学和线上线下混合式教学。通过几十节公开课的示范和带动,信息技术和人工智能对于物理教学的价值被广泛接受。

据统计,该项目持续开展的教研活动惠及了上海奉贤全区百余位物理老师,帮助奉贤区初中物理 2020 年中考优秀率提升 5.6%。三十余节各级公开课,起到了教学创新示范引领的作用,加速了 IT 和物理教学的深度融合,促进了教师成长。上海、浙江、江苏等地数十位教师受益于该项目,在各级教学评比、论文评选中获得优异成绩。

后续,该项目将坚定持续地进行《基于核心素养和 IT 技术支持的初中物理教学法实践研究》,与更多学校联合教研。我们会继续深度打造基于上述研究的常态化应用案例,帮助更多教师特别是青年教师快速成长。同时,为了积极响应大面积因材施教的国家号召,突破试验范围,积极参与到"国家级信息化教学实验区"建设中,希望能够通过辐射引领,使好产品和广大师生的需求紧密结合起来。

第六章
智能管理创新案例

　　数字化时代，依靠人工智能、大数据等技术的支持，学校可构建基于教育大数据的信息管理平台，实现管理智能化。本章将介绍 5 个智能管理创新案例，分别为上海外国语大学《数据中台系统》、上海市市东实验学校《大数据背景下的学科教育质量评价探究》、华为《基于华为云共享架构的复旦大学通用人脸识别平台》、苏迪科技《基于教育大数据治理的数据应用探索》、网班科技《"网班防疫通"助力智慧校园防疫管理》。通过这 5 个案例，明确智能管理未来发展趋势，以期为各校打造"一站式"智能信息服务平台，构建智慧办事服务体系提供参考依据。

第一节　上海外国语大学《数据中台系统》

一、摘要

　　数据中台系统，是对海量数据进行采集、计算、存储、加工，形成标准的大数据资产层，为组织的内外部客户提供高效数据服务。数据中台系统能够降低数据库和数据仓库的重复建设，减少"烟囱式"协作的成本，助力组织构建新型的差异化竞争优势。

　　上海外国语大学数据中台系统围绕消除数据孤岛、提高业务效率、实现资源共享和决策支持，通过对各类校园数据进行及时和实时的采集、清洗、加工，并按照业务类别、服务对象、数据属性、时间跨度等多个维度对数据进行整理、整合和存储，并提供有效的数据传输、数据导出、报表生成、数据可视化等工具，显著地降低数据服务的门槛，方便快速为各类需求提供数据服务，让数据真正实现资产化和业务化，成为组织新型核心竞争力的来源。

二、背景

　　目前，高校信息化管理部门同时肩负管理（主要是 IT 设备和应用系统管理）和 IT 服务两种职能，按照应用系统开发、网络及多媒体教室设备管理等"块状"业务设计组织架构。但是，随着用户需求的变更和技术的发展，这种"块状"的业务划分方法将面临变革，转变为（图 6-1）高校 IT 部门的层次状业务架构。

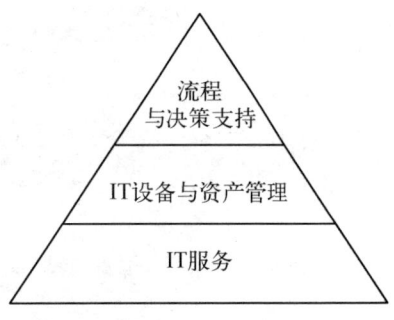

图 6-1　高校 IT 部门的层次状业务架构

　　三个层面的优化升级都需要依托高校各类业务数据和日志的实时采集、加工和分析来展开。因此，在高校信息化管理部门的 IT 服务、IT 设备与资产管理以及流程与决策支持三大业务逐渐分离的趋势下，一套强大的数据中台系统成为高校信息化业务开展的基础。

　　上海外国语大学于 2018 年开始规划、设计数据中台建设方案，考虑到系统功能的持续扩展性，在综合权衡学校的数据规模和应用需求后，采用开源和自主研发相结合的方式进行建设。系统架构如图 6-2 与图 6-3 所示。

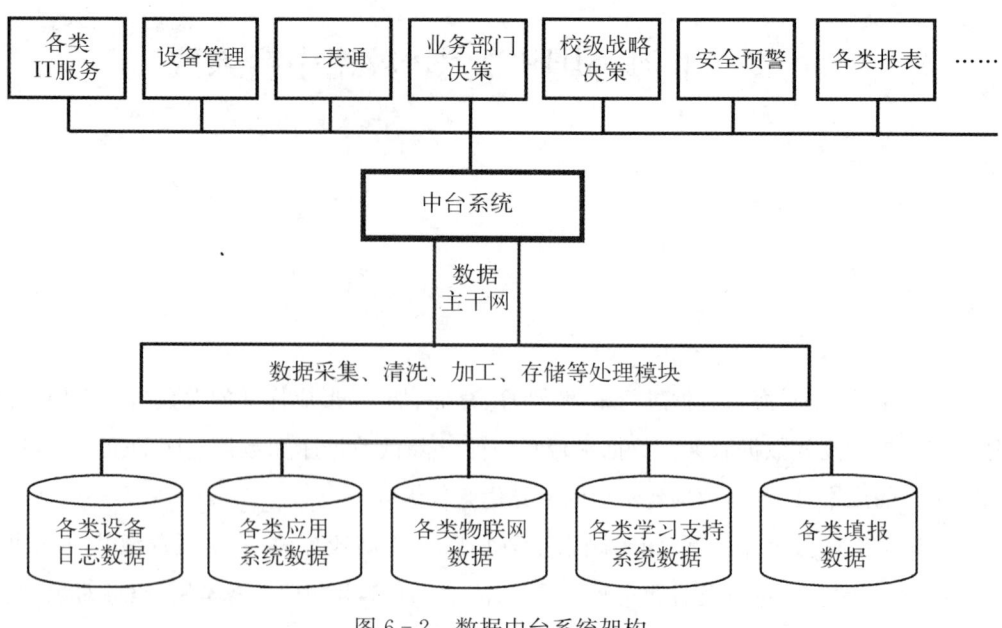

图 6-2　数据中台系统架构

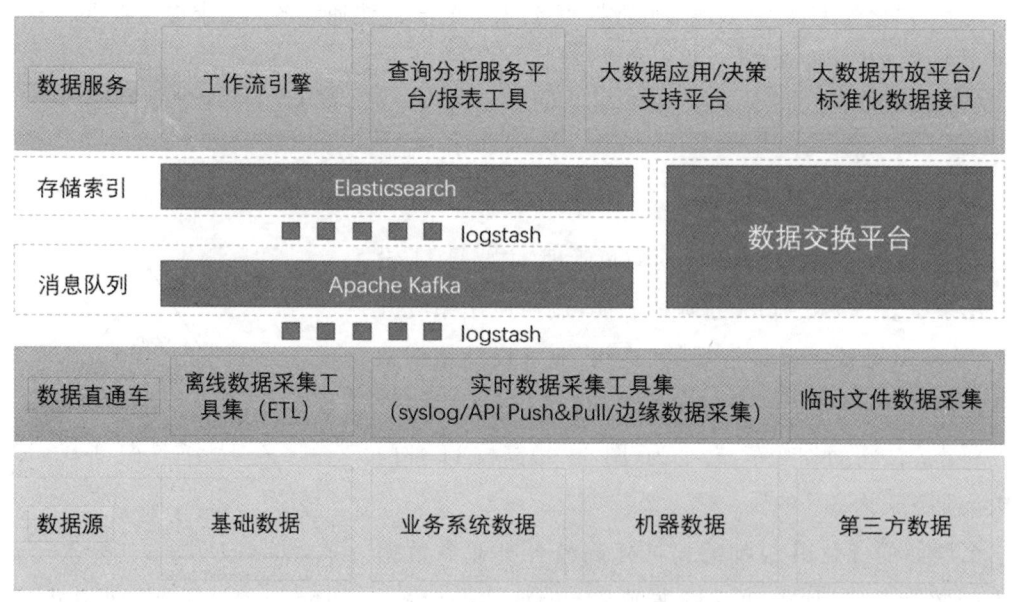

图 6-3　数据中台系统技术架构

　　数据采集层采集人员数据、教务数据、人事档案数据、学科数据库、日志事件库等业务数据，支持离线和实时两种数据采集方式，采集来的数据最终都被放入一个基于 Apache Kafka 的消息队列中。在数据加工层，有数个数据处理节点不间断地从 Kafka 里将数据取出，并完成原始数据转存以及数据抽取查询的数据集群工作。在数据服务层，提供基于 Elastic Stack 的大数据查询和分析，方便用户快速获得所需数据；提供运行于 ES 数据集群之上、用户自定义模型的各类预警和决策参考工具,利用 ELK 的预警模块,通过"Push"和"Pull"两种方式提供给用户。

三、 智能化创新举措

1. 构建数据交换平台

数据交换平台是连接数据"生产者"和数据"消费者"的"管道",各业务部门既是数据的"生产者",也是数据的"消费者"。数据交换平台主要使用 ETL(Extract - Transform - Load,即数据抽取、转换、装载的过程)工具来实现业务系统与公共数据库之间的数据交换。目前数据交换平台对接了本科教务系统、研究生管理系统、人事系统等 20 多个信息系统数据。数据交换平台不仅可以实现数据交换,还可以进行综合数据查询,给二级部门提供数据服务。图 6 - 4 为目前数据交换平台与各业务系统的对接情况。

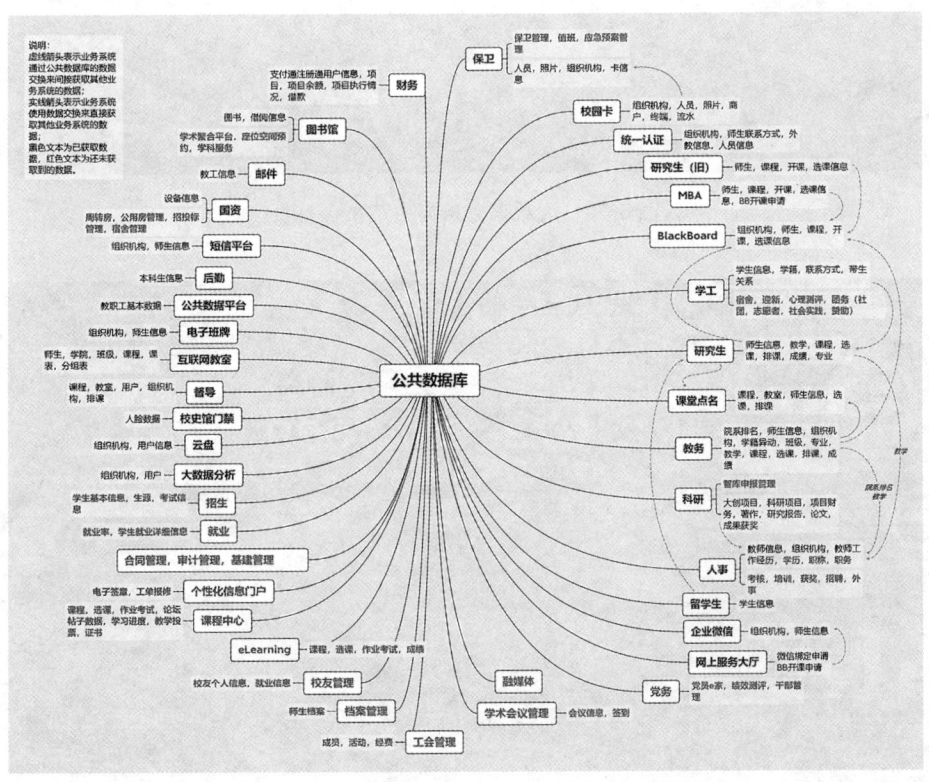

图 6 - 4　数据交换平台对接情况

2. 打造大数据分析与决策平台

目前,大数据分析与决策平台已采集 22 亿多条校园网数据,并开发完成综合信息查询、学业预警、在校状态预警、消费异常预警、学生社交关系分析、网络安全态势感知、网站访问预警、图书借阅推荐、位置预警、不在校预警以及教师、学生画像等多项功能。

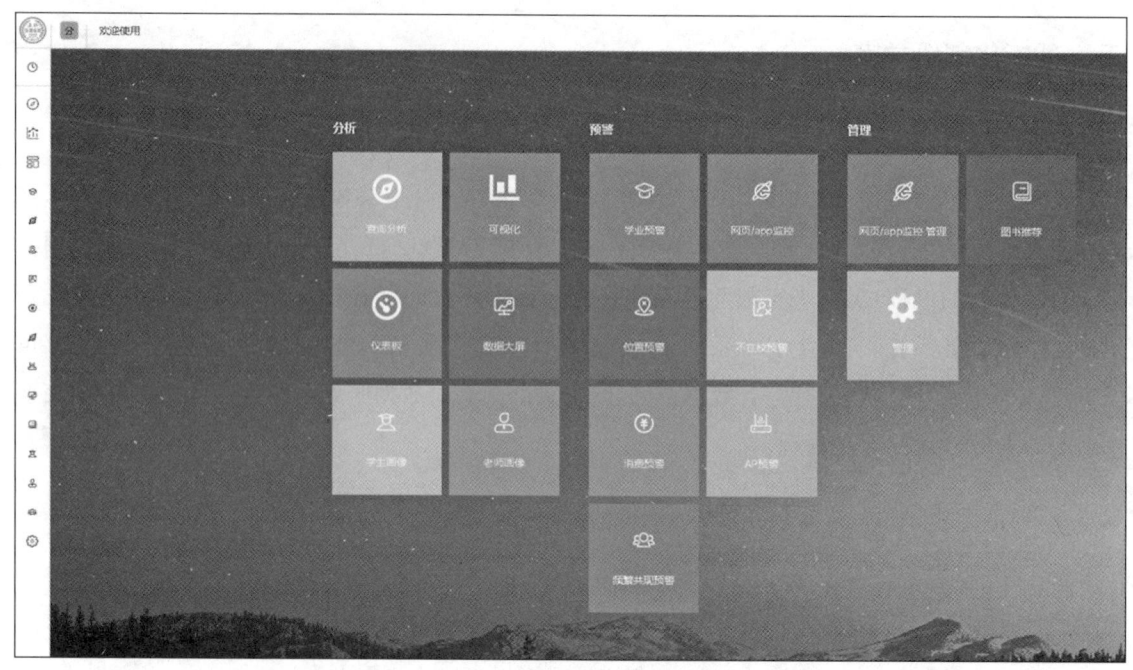

图 6-5   大数据分析与决策平台首页

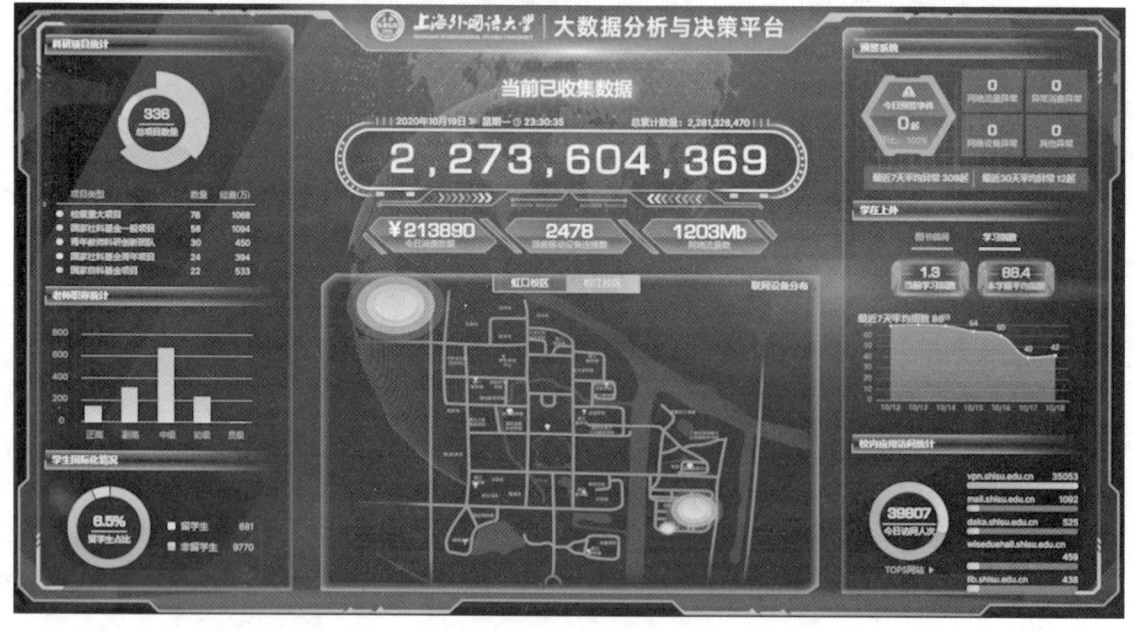

图 6-6   大数据分析与决策平台大屏展示

(1) 大数据分析与决策平台技术架构

基于教育大数据的全流程管理过程,在标准规范的约束下技术体系架构包括四层:教育数据采集汇聚层、教育数据处理层、教育数据分析和数据展示层。

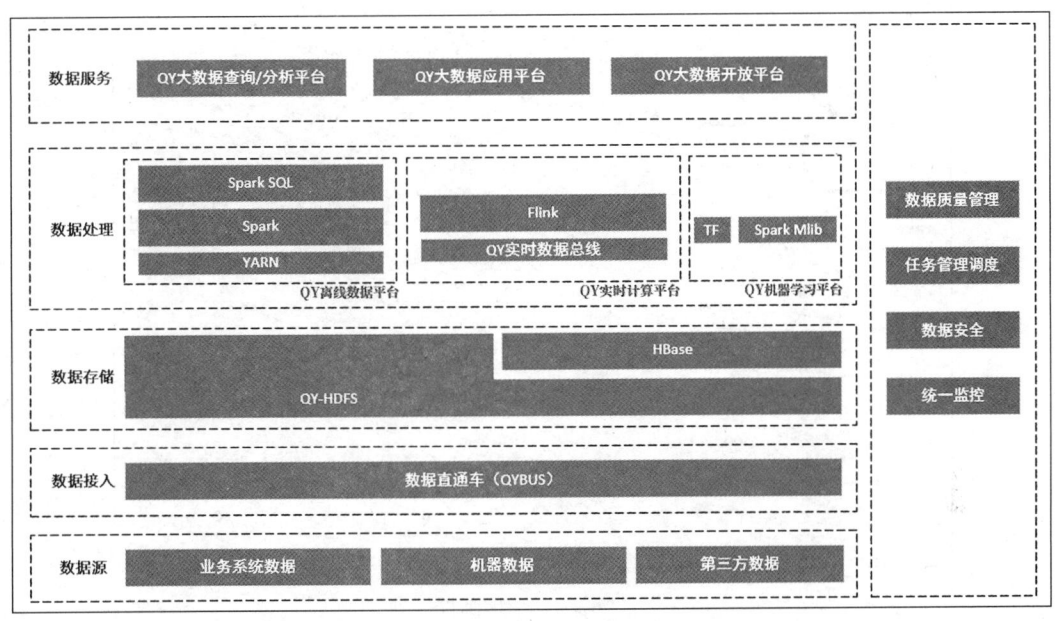

图 6-7 大数据分析与决策平台技术架构

其中,数据采集通过数据传输接口将采集的各类教育数据传递给数据处理与存储,通过数据处理与整合形成教育数据平台。教育数据处理层则通过搭建数据集成服务平台满足数据的整合与共享存储。教育数据分析通过建立统一的算法模型和算法平台,将高维数据分析作为大数据技术的核心,进行实时的大数据分析和挖掘,并以直观的方式将分析结果呈现给用户。最终将分析的结果使用灵活方便的可视化工具呈现给用户,实现教育数据的可视化。

(2) 学生画像

学生画像,包括课程考试信息,奖助学金信息,荣誉信息、预警信息、消费信息、位置信息以及图书借阅信息等。

(3) 教师画像

教师画像主要涵盖了老师的个人简介、教学信息、行政信息、科研信息、获奖信息,以及消费信息等。

(4) 学业预警

学业预警中列出了所查询专业年级的所有学业预警状态的学生。可以分别点击学期查看当期的挂科情况,列出了科目名称,学分数等。预警等级按学分设置了三个等级。

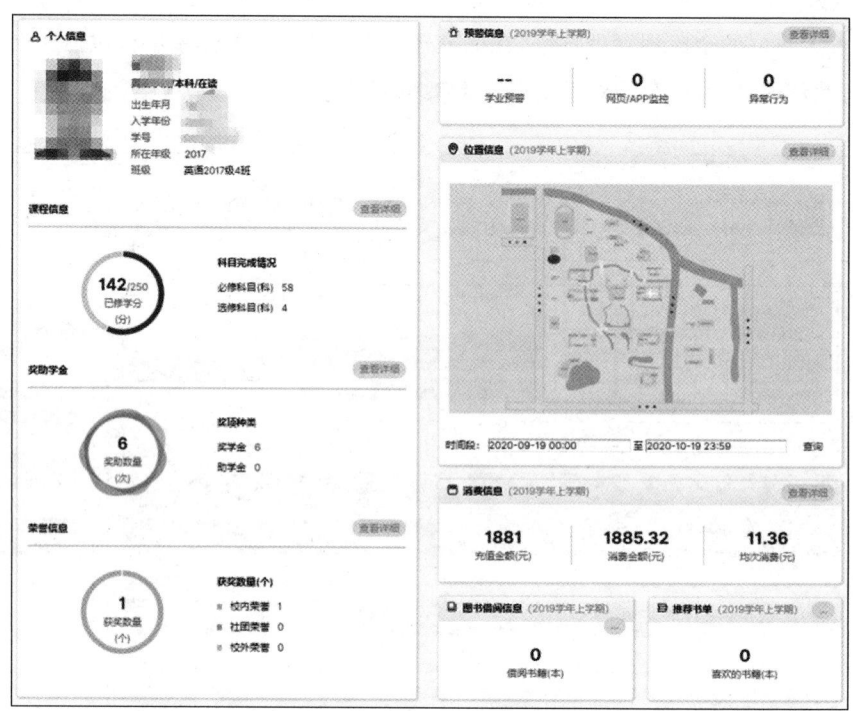

图 6-8　学生画像

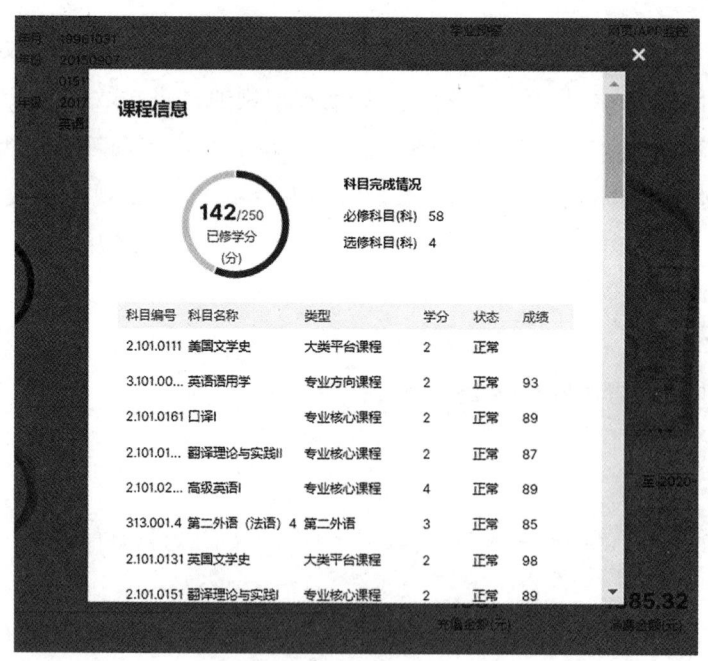

图 6-9　学生课程信息

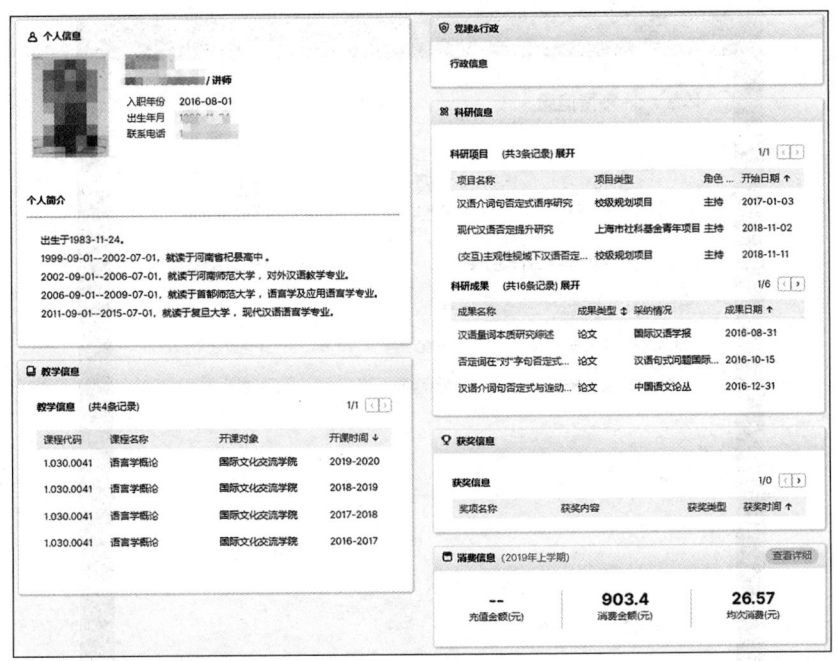

图 6-10　教师画像

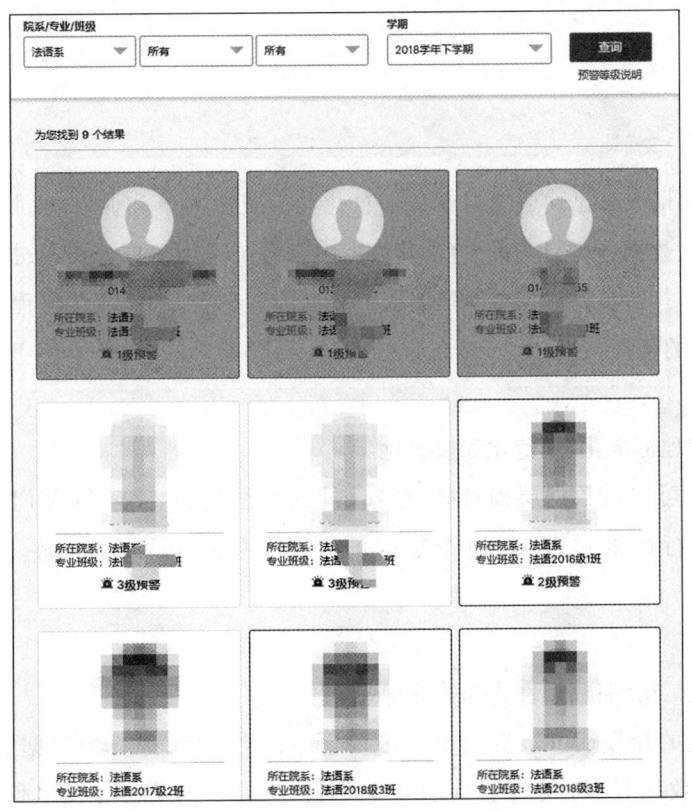

图 6-11　学业预警

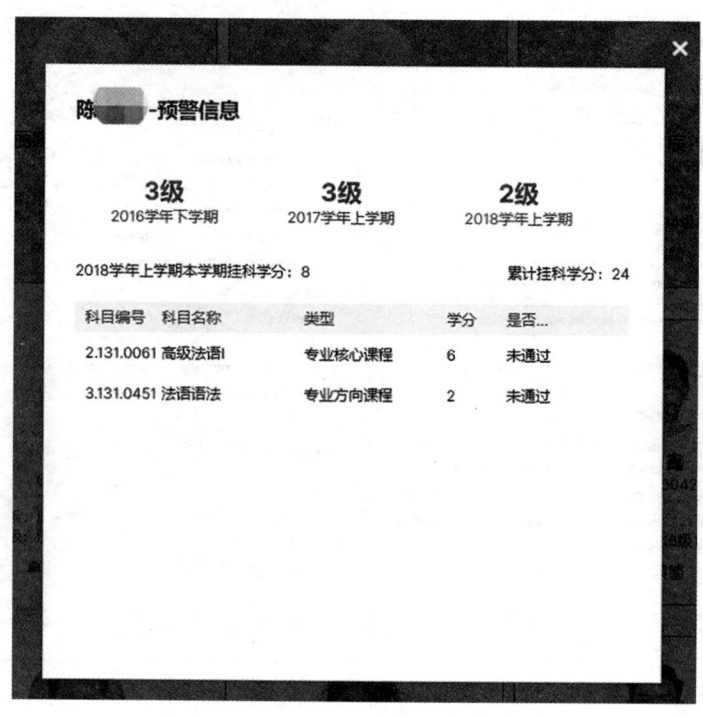

图 6 - 12　预警详细信息

四、 主要成效

当前,上海外国语大学已建成满足学校信息化数据资源共享和业务协同需求的统一公共数据平台,初步建成大数据分析与决策平台,其数据中台系统运用数据分析、数据挖掘、数据管理以及人工智能等技术,打造数据共享和交换的统一数据治理平台,从而简化流程、提升效率、实现数据服务与业务服务的闭环。

1. 实现数据管理标准化、规范化和模式化

数据中台系统可以从数据层面打破"烟囱式"的系统建设,将不同部门系统之间分布、多源、异化的数据进行标准化存储,便于数据的公开、共享,从而形成统一的教育数据治理模式。

2. 提升数据决策精细化、个性化和智能化

数据中台系统的建设通过数据归类、治理和应用,将分散、孤立的数据汇聚整合成标准统一、可共享应用的数据目录,实现数据的业务化,以应用促治理,形成良性循环的数据治理体系。

3. 规范并改善业务流程,提高数据整合和数据治理能力

数据中台系统是对智慧校园中全量教育数据资源的整合,能够为大数据分析提供一个较为全面和立体的用户数字画像,可以从不同的角度还原用户在校园中学习、工作、生活的真实情况,将原来零碎的数据整合成有效的数据资源,使各层次校园用户成为数据消费的受益者。

五、 实践成果及后续行动

自 2019 年底至 2022 年初,上海外国语大学数据中台系统累计已收集 15 921 937 596 条数据,已完成 7 677 条各类数据在各应用系统之间的信息交换,已生成 43 788 名师生的数字画像,已触发 213 次不在校、消费等各类提醒,已实现 324 门课程的到课率查询。2020 年 12 月,"上海外国语大学数据中台系统"被上海市高等教育学会校园网络专业委员会和上海市高等教育学会信息管理专业委员会评为"2020 年度上海市高校信息化建设与应用优秀案例银奖"。

未来,上海外国语大学将持续推进数据中台系统的建设,实现数据跨系统整合和数据目录化共享,进一步明确数据生产者和数据消费者的职责,让大数据切实为各类业务处理、数据服务和各级领导决策提供有力支持,实现教育数据从无形资产到有形价值的转变。

第二节　上海市市东实验学校(上海市市东中学)《大数据背景下的学科教育质量评价探究(以数学学科为例)》

一、摘要

教学评价反映教学成效,是在教学中落实教育方针体现教育目的的重要措施。然而传统的评价方式主要以最后的单一分数评价为主,忽视了学生在学习过程中每个思维节点的掌握程度,将学生个性化问题归为一致性结果,导致无法推行教师的精准教学。

由上海市市东实验学校(上海市市东中学)发起,上海莘越软件科技有限公司共同实施的大数据背景下的学科教育质量评价探究项目(以数学学科为例),努力将学生的思维过程进行分层评价,致力从改进结果评价、强化过程评价、探索增值评价、健全综合评价等四个方面,充分挖掘评价价值,精准化教学需求。在本研究过程中首创了思维过程可视化和可测评技术的基础理论——"思维树"理论,以及创新推出了人工智能阅卷系统,实现了教学评价体系的综合升级,以此推进教育评价改革和大面积提高教育质量的实效。

二、背景

国务院对教育评价改革提出的总体要求是:"坚持科学有效,改进结果评价,强化过程评价,探索增值评价,健全综合评价,充分利用信息技术,提高教育评价的科学性、专业性、客观性。"传统的教学评价主要分为两种,一是将以答案的正确与否为评价标准的结果评价;二是将考试结束后的静态的成绩为标准的结果评价。这些评价方式只关注最后的答案,忽略了学生对问题的分析、思考、关键点的突破,以及计算等环节的能力的考查,也忽略了评价的即时性效果。

根据数学学科课程标准中确定的核心素养的要求,上海市市东实验学校致力于从改进结果评价、强化过程评价、探索增值评价、健全综合评价四个方面,充分挖掘评价价值,进而精准化教学需求。为此,学校在以下两方面进行研究:首先,根据学生智能结构模型,即知识与记忆、技能与训练、能力与领悟、创新能力与思维四个层次的结构,对学生学习质量的综合水平进行有层次的剖析和测评。其次,根据学生技能发展的规律,分别将学会、掌握基本技术的过程和思考综合性数学问题的思维过程,应用信息技术进行教育质量分析,尤其是能及时、准确地发现出现问题、错误的思维步骤,找出产生问题、错误的原因。

三、智能化创新举措

1. 学习思维过程可视化

强化对学生的思维过程评价,将学生思考数学问题的思维过程一步一步地在电脑上记录、储存、显示和评价。测评由客观题和主观题两部分组成,其中主观题的测评更加体现了学生的思维过程,当学生选错时也会即时赋分,并提示选择错误,直到选对正确答案正确完成题目;而后台数据库也会及时根据学生选择的过程分析出学生的知识点掌握情况。

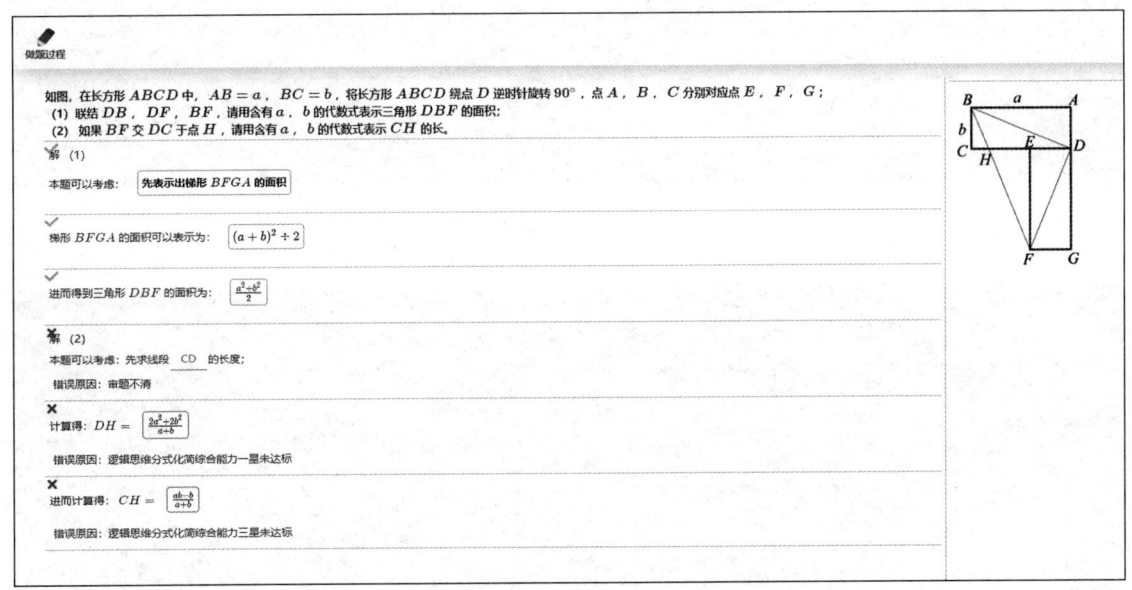

图 6-13 学生解题过程的分步评价

2. 预测学习质量的发展态势

从学生(个人)的评价,逐步发展到对班级(集体)的评价,再发展到对年级、对学校的评价,最后实现对一个地区的所有学校的教育质量的评价,并可实现对学生、班级、年级、学校的教与学质量的发展态势进行预测。

3. 根据时间推进,动态化测评数据

对学生(个人)、班级(群体)进行以时间的推进为轴的进程性、发展性评价,通过对动态性的测评数据的比较和根据测评结果实施的教、学指导意见,展现增值评价的价值和效果;同时,在实现了对学生的学习质量评价的基础上,就可以进一步开展对教师的教学效果、教学能力、教学特征的发展性评价。

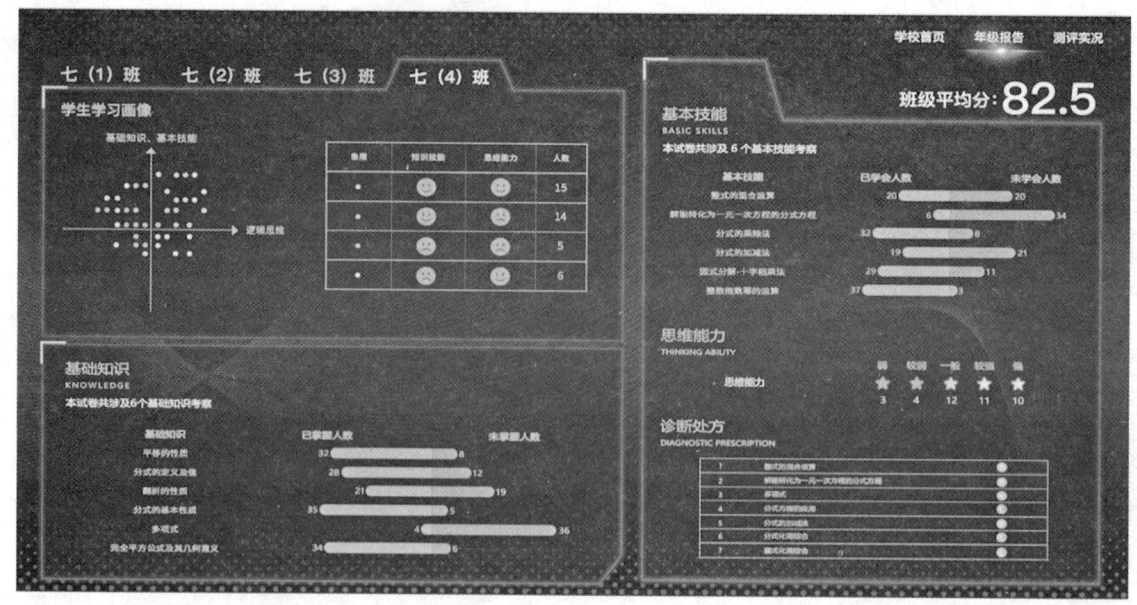

图 6-14　班级情况分析

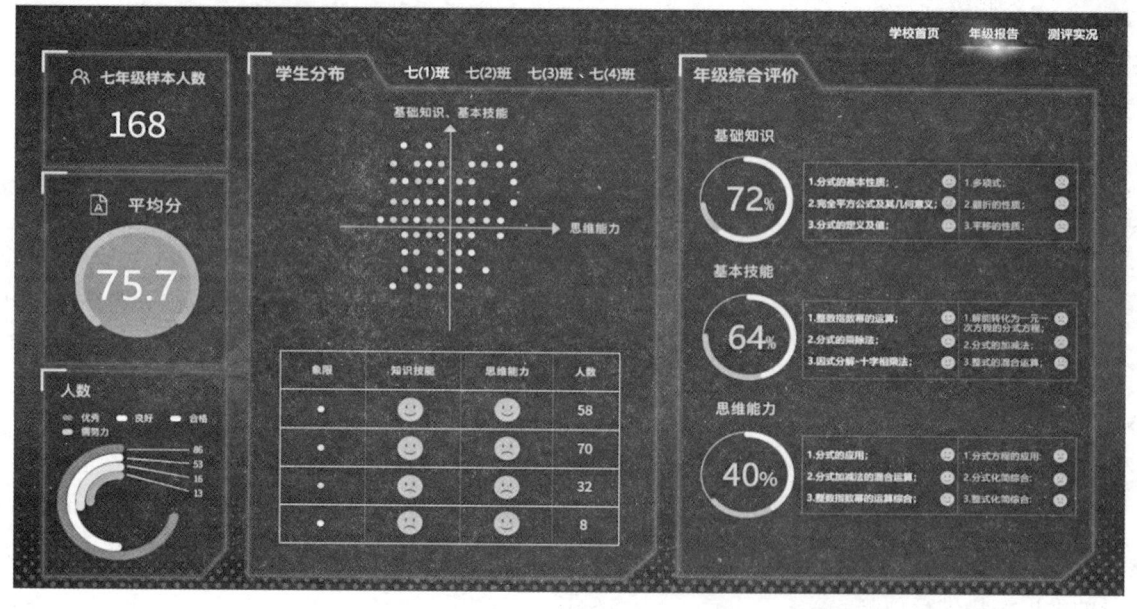

图 6-15　整个年级综合评价情况

四、主要成效

1. 提出思维过程可视化和可测评技术的基础理论——"思维树"理论

应用信息技术实现对主观题的电脑阅批、评分和质量分析,提出以思维步骤为核心内容的学生思维过程的显示和评价系统——"思维王"软件系统。

2. 推出人工智能阅卷系统

对思维过程评价的突破,解决了电脑阅卷长期解决不了的难题,实现了对主观题的电脑阅评,从而电脑就可以完成对每一份试卷作完整的阅批和评分;实现了考试、测评全过程的电脑自动化,在学生交卷或统一收卷的同时,电脑系统就能自动完成阅批、评分、质量分析以及大数据的收集和积累,可以建立真正意义上的教育质量测评中心。通过教育测评,生成教育诊断报告,形成教育处方,开展教育预测,可以真正做到实施精准教学。

3. 实现教学评价体系的综合升级

实现从结果评价到过程评价的改革和发展,改变了传统教育以答案的正确与否为唯一标准的评价方法,推出了以思维过程为具体内容的评价方法,能更科学、更全面、更具综合性地对学生的学习质量进行评价;建立了在"掌握基础知识、学会基本技能、培养思维能力"三个维度上的综合性的评价指标系统,实现了对学生的综合素质评价。

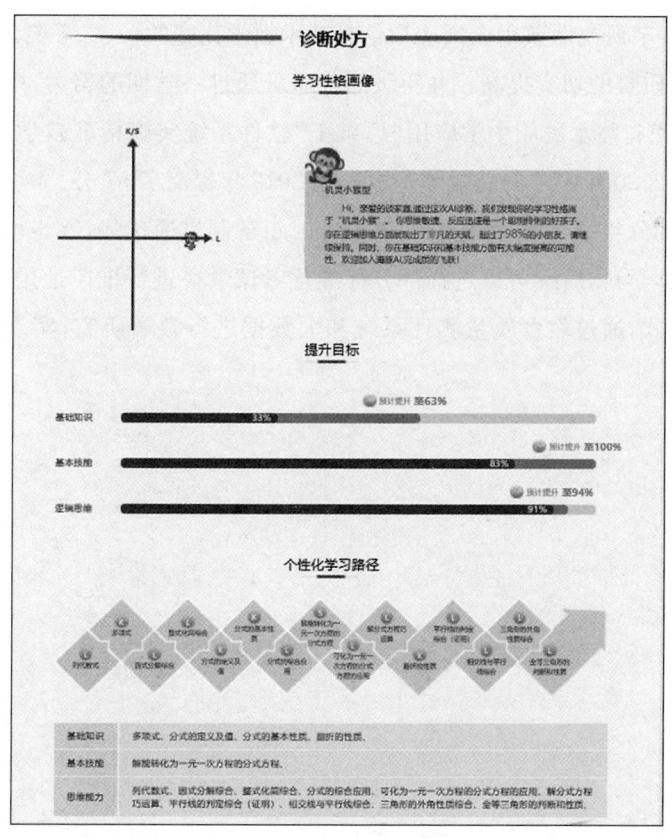

图 6-16　学生个人的"诊断处方"示例

4. 解放教师阅卷时间,掌握各个学生的精准需求

教师使用这一软件系统进行教育质量测评,在学生提交试卷的同时,就由电脑系统完成了阅批、评分、质量分析和大数据形成,减轻了教师的工作量,有利于教师将更多的精力放在教学研究、提高课堂教学质量和提高教学效率上,同时教师可以精准地了解、掌握每一位学生在学习中的问题和薄弱环节,也就可以实施真正意义上的因材施教了。在这个过程中,教师的专业水平、教学能力也会得到明显的提高和发展。

5. 引导学生纠错进步

学生使用这一软件系统进行测评以后,可以立即、清楚地看到自己的问题所在,还可以看到自己的思维过程在哪一步被卡住、出问题,并且得到系统提供的对下一步学习的指导,进而在人机互动的场景中,进行高效率、自适应的学习。

五、 实践成果及后续行动

项目为杨浦区培养了数学骨干教师 20 多名(包括市东中学 2 位教师),推出了近 30 节公开课、研究课,其中有 3 节研究课获得全国应用信息技术教学比赛的一、二等奖。通过"思维王"的应用,实现了学校教育质量的切实提高。九年级的普通班通过一学期的努力,中考平均成绩可提高 20 分以上。又如海南省陵水民族中学应用"思维王"软件系统实施精准教学,在学生思维能力水平整体提高的同时,2020 年中考的总成绩(数学)比 2019 年提高了 57 分。

目前本项目在部分年级开展,计划利用该校十二年学制贯通优势,逐步增加试点年级。目前项目还仅局限在数学学科,后续可以选择部分标准化考试学科进行推广运用,抓住项目精准教学的特点,变革教学方式,通过教育质量测评系统和大数据进行教学研究,实现教师队伍整体素养的提升。

第三节　华为《基于华为云共享架构的复旦大学通用人脸识别平台》

一、摘要

为了能够提供更便捷的校园服务，更好地保护师生的信息安全和个人隐私，复旦大学搭建通用人脸识别平台，以华为的智能视频云平台 IVS3800X 为基础，完成生物识别核心算力阶段性基础建设，初步实现算力核心化、算法容器化、数据验证服务接口标准化、人脸数据使用安全和规范化，为复旦大学智慧校园生物识别应用提供安全、可靠、可持续的技术支撑。

二、背景

近几年来，人脸识别已经应用于高校的许多业务场景，如学生报到和注册场景、图书馆管理场景等，为在校师生提供了很多便利。另一方面，自 2020 年下半年开始，教育部、国家标准化管理委员会、最高人民法院以及全国人大纷纷发布新规，完善个人信息保护和个人生物识别信息的信息安全规定。2021 年 4 月，被称为"人脸识别第一案"的郭某与浙江杭州野生动物世界有限公司服务合同纠纷一案迎来终审判决。一时之间，人脸识别技术进校园的安全问题引起了社会各界的广泛关注。

随着新冠肺炎疫情在全球范围的持续蔓延，国内疫情常态化防控的要求更加严格，对于人员的精细化管理的需求逐渐增加，对于人脸识别技术的需求也在逐步增长。复旦大学规模大、校区多、在校人员多、人员往来频繁，校园保卫、学工、教务等部门的业务应用对人脸识别技术的需求持续增长。目前，学校多个业务部门已建成人脸应用子系统，但需要在学校层面加强人脸数据的综合处理能力，提高人脸数据服务效率，降低数据安全风险，拓展人脸识别创新应用。因此，复旦大学联合华为公司及华为生态伙伴，创新性地提出基于云共享架构的复旦大学通用人脸识别平台解决方案。

本方案重点以华为的智能视频云平台（IVS3800X）为载体，包含人脸识别存储单元（IVS3800XS）和计算检索单元（IVS3800XC），为学校各业务应用提供人脸识别的集中运算服务，加强师生个人数据的安全管理，推动智慧校园的建设步伐。

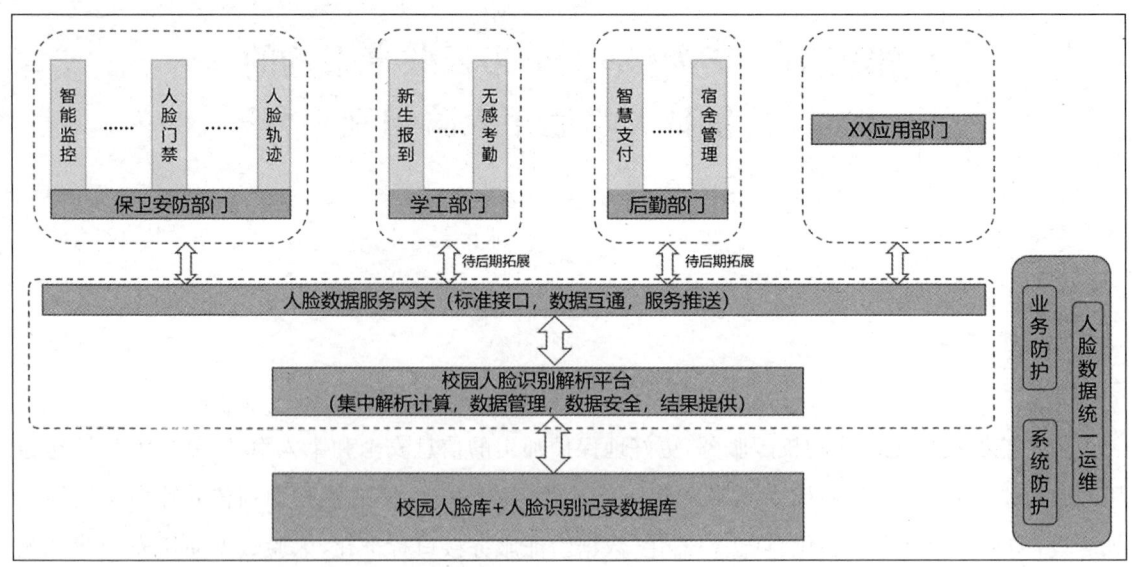

图 6-17　系统应用框架

三、 智能化创新举措

1. 云共享架构,集约化部署

私有化集中式部署业界先进的云计算专用服务器,提供高效弹性的硬件资源调度运行能力,统一承载人脸数据接入、解析、服务提供等功能。

集约化建设,资源池化(含 GPU),按需共享,减少重复建设。通过结构化、智能化、大数据分析等手段支持海量数据的分布式云处理,通过灵活调度支持视频和图像快速查询的集中分析计算。

2. 统一管理,数据更安全

统一管理在校人员的人脸底片和基本信息数据库,相关数据管理、存储和传输过程中全程加密,以 API 接口方式向业务系统提供数据,并对 API 接口进行授权、鉴权和监控管理。

3. 网关服务,方便系统对接

通过数据服务网关,提供标准的数据服务 API 接口,也可以根据具体业务需求,提供定制化的数据服务。

该平台为校内其他业务系统提供各种加密的数据接口,方便进行人脸数据验证服务。校园人脸库数据通过接口导入人脸识别平台,平台对人脸数据进行治理和清洗后,通过人脸数据网关提供人脸数据服务。各业务系统通过数据接口网关向人脸识别平台推送人脸视频以及图片数据，并及时获取人脸识别数据结果及其他人脸数据服务。

针对学校安防业务的重点专网，为保证网络与数据安全，设计在专网内独立部署一套人脸识别服务网关，来统一对接安防业务的各项应用系统，并通过防火墙进行互通。

4. 数据沉淀，支撑大数据创新应用

通过华为的人脸识别存储单元(IVS3800XS)和计算检索单元(IVS3800XC)搭建人脸识别核心算力，可集中进行视频、图片数据接入、数据共享、数据管理、数据解析、数据安全、数据分析结果输出等任务。

通过整理学校现有人脸数据，对数据进行清洗，完成校内人脸应用数据库建设。实现对人员基本信息管理，包括信息的增删查改和配置，提供基于标准格式文件的导入导出功能，人员信息的采集、同步和人员更新信息的数据解析，提供对设备层的数据访问接口。

借助专用视频、图像服务器强大的算力和算法平台，为学校各业务系统提供计算服务和数据服务，持续沉淀服务数据，为校园大数据创新应用提供支撑。

四、 主要成效

通用人脸识别平台项目的主要成效是以私有化方式集中部署了复旦大学的通用人脸识别平台，构建视频、图像类非结构化数据的处理分析能力，具备为学校其他业务系统提供人脸识别服务的基本能力。

集中部署专用的视频和图像处理服务器，搭建强大的视频和图像处理的算力平台，支持配置和管理多种 AI 算法，并通过统一的 RESTful API 接口，为其他业务系统提供相关服务。截至 2021 年 12 月，平台提供的人脸图片 1∶1 比对接口已被累计调用 3.1 万余人次，公安库身份核验接口已被累计调用 4 万余次，为 2021 年秋季学期的学生报到和注册业务提供了有力的技术支撑，响应了上级单位在新形势下对高校大学生报到和注册业务的新要求。另外，平台已经与学校多个业务系统完成了对接测试工作，包括保卫处相关的部分门禁系统、视频监控系统、校园一卡通支付系统等，具备为相关业务提供人员身份核验的能力，未来将在学校师生的生活、安全等各方面持续发挥作用。

通用人脸识别平台已经导入全校师生的人脸照片和必要的基本信息数据，构建和管理全校师生的人脸底片数据库。学校严格遵守《个人信息保护法》等相关法律法规，将保护师生的信息安全和个人隐私落实到实处，对人脸底片数据库进行集中统一授权式的管理，不会将师生的人脸底片数据下发到其他业务系统或业务终端。同时，平台会记录和监控其他业务系统调用平台数据接口的具体情况，便于发现异常和数据追溯，进一步确保师生的人脸底片数据库的信息安全。

伴随着校园人脸识别应用的拓展和人脸识别服务数据的持续积累,通用人脸平台将逐渐完善,希望为复旦大学的教、学、研、管各类业务提供统一的人脸识别和数据服务。

五、 实践成果及后续行动

本项目站在智慧校园建设的高度,系统性地解决了人脸识别算力、算法和数据对应用的支撑,充分考虑人脸数据应用的安全性问题,是国内在人脸识别和隐私安全保护在智慧校园应用的一次创新性探索。

当前已完成人脸识别的核心算力平台搭建,完成人脸底片和基本信息数据建设,并提供标准的人员身份核验服务的 API 接口。随着平台支撑的业务数量和种类的持续拓展,学校对平台的算力要求会越来越高,要求平台的基础资源具备良好的可扩展性。同时,不同的业务类型和应用场景,需要不同的人脸识别算法,要求平台具备多种算法的管理配置和融合应用的能力。

后续华为还将协助学校在完善和提高人脸数据服务的安全的同时,积极探索人脸数据的深度应用,逐渐完善以下内容:第一,照片使用授权。通过学校统一身份认证登录,为全员师生提供人脸使用授权和使用记录查询服务,实现人脸采集、使用的全流程告知服务;同时为业务系统提供人脸使用授权查询接口,方便各业务系统对人脸授权数据进行数据同步。第二,活体检测功能。实现静默活体检测算法的私有化部署,支撑各业务部门对活体检测的应用需求。

第四节　苏迪科技《基于教育大数据治理的数据应用探索》

一、摘要

　　目前，国内高校普遍面临数据管理问题，包括数据治理基础薄弱、数据管理使用制度缺失和数据利用价值不高等。随着大数据时代的来临，数据搜集与处理能力技术得到显著的提升，数据治理工作也在各大高校中异彩纷呈。如何切合自身实际，收到应有成效，不单纯为"治"而"致"，苏迪科技联合上海开放大学启动"数据管理服务能力提升"项目。

　　该项目定位以"校务服务"为主体，深化数据驱动流程再造，通过数据治理，最大程度地挖掘数据的应用价值，并同步促进线上"一站式"信息服务平台的建设与深化，构建智慧办事服务体系，增强师生参与感，提升用户体验感。项目初期注重校内数据源整合梳理，为不同性质的数据源制定匹配的数据采集策略；中期着重于数据共享服务的实现，从业务场景需要出发，提升数据质量，满足共享需求；后期着重于数据应用，包括多维度的主题分析、师生个人中心及数据填报的建设。把管理能力和服务应用作为主要切入点，"双管齐下"，构建了高效的数据管理平台数据分析应用展示平台。

二、背景

　　结合上海开放大学教育教学及业务应用实际情况，苏迪科技协助学校构建了高效的数据管理平台，并在确定了"资源＋场景"的建设方案之后，建设了校级的大数据资产目录。同时，苏迪科技对校内用户的角色、业务场景进行了整体规划，提供数据服务，包括师生个人数据中心、一表通平台、集"发布、申请、管控、监测"为一体的数据服务门户等，为全校各级人员提供数据填报应用、数据推送服务和数据可视化分析，做到对数据的"科学管"和"灵活用"。

三、智能化创新举措

1. 基于分层分库数仓架构的数据管理平台

　　数据管理平台提供分布式数据采集，支持关系型数据库、非关系型数据库、日志和网页等结构化、非结构化数据的高性能采集汇聚；提供在线一体化包含标准转换、数据加工清洗和质量探查等过程的数据治理;帮助学校快速形成高质量数据资产,提供分布式数据库满足海量数据的存储,以分层分库的数仓架构同步满足数据治理和数据分析需求。

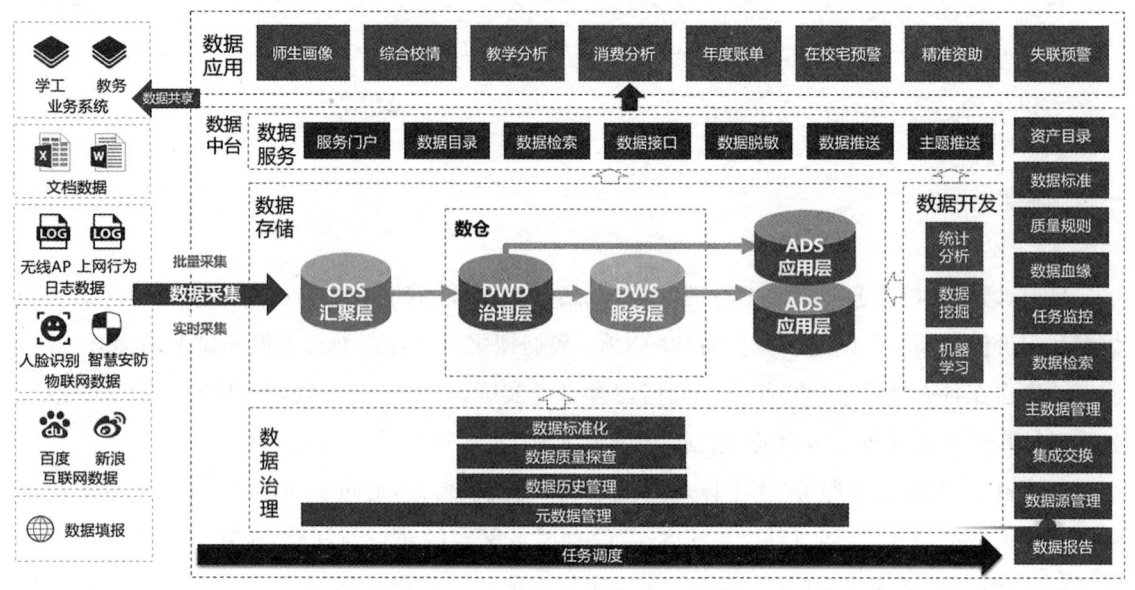

图 6-18 全量数据中心平台架构

2. 基于 WEB 化进行自助式敏捷的数据可视化平台

数据可视化平台基于数据立方体,多维度、多角度地对数据进行指标定义和分析展示。N 维的数据立方体推进了学校的可视化建设的数据共享和分析应用,数据可视化平台可利用可视化工具对立方体的各个维度进行分析展示,包括切片、切块、上卷、旋转、钻取等,还能对各项指标标签数据进行联动展示,快速且灵活地从多个角度、多个层面分析展示数据的不同特性,剖析数据之间的联系和含义,满足高校内不同层面的分析需求。

四、主要成效

1. 全量数据采集与治理

数据治理的首要目标就是建设校级的数据资产目录,提供按数仓模式分层存储,系统提供各分层的多库存储模式,通过多库来规划和隔离数据。

校级的数据资产目录实现了师资、教务、学习平台、科研、资产等 20 多个系统的全量数据采集和治理,形成了学校概况、人员信息、教务教学、科研等 30 个数字资产目录,共计沉淀了近 2 亿条数据资产,数据量近 1T。

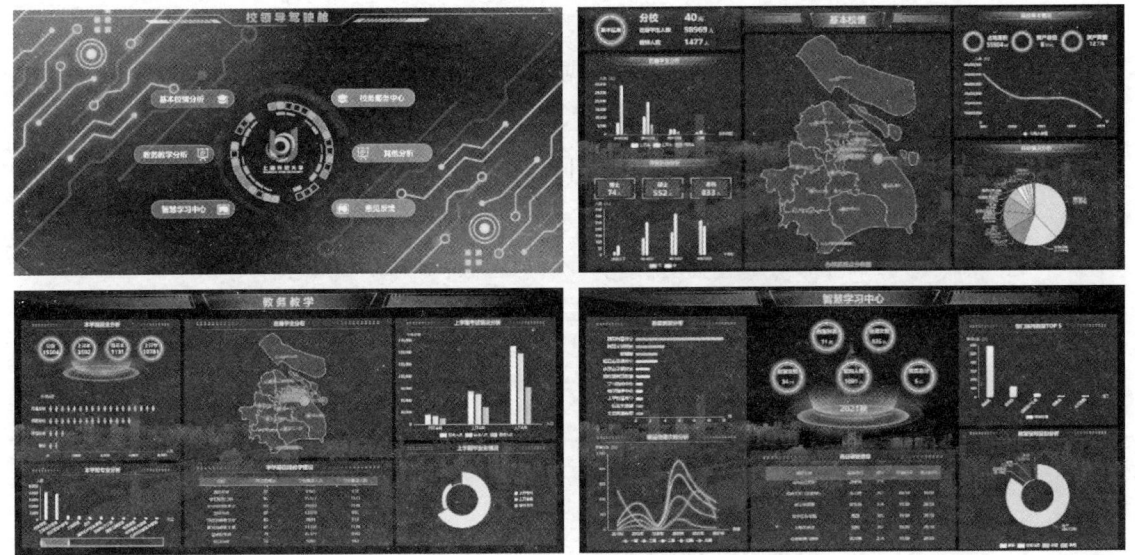

图 6-19 基于全局数据的可视化数据服务成果示例

2. 构建轻应用快速响应上线的模式

打造数据填报平台,通过可视化配置的方式快速搭建和发布轻应用形式的表单填报和查询服务,快速响应学校在紧急情况下的应用上线使用的需求。同时,通过数据中心的接口获取其他业务系统数据并汇总到填报平台,根据实际需要集成展示在表单页面上,有效解决数据同步和协同等问题。

3. 帮助管理者决策,提高校园建设质量

数据可视化平台将指标数据根据校方自身的特性定义指标,通过指标模型工具对指标进行分类管理、维度划分、层级确定,将指标数据根据校方自身需要建设成专属的指标体系库,促进全校数据的深入应用,有效地展现校园建设指标情况并帮助管理者进行决策,提高校园建设质量。

4. 通过"信息内容找人",提升用户体验

完善数据推送服务机制,通过在线配置将各类数据按相应策略主动推送给用户,变以往"人找信息内容"为"信息内容找人"并将陆续增加信息推送服务的深度和广度,从应用层面发挥最大的价值。

五、 实践成果及后续行动

该项目聚焦于破除数据治理与服务割裂,通过一体化规划设计与项目实施,充分挖掘和发挥

大数据的价值，以治理支撑使用，从使用促进治理。苏迪科技基于多年的行业经验与案例的积累，结合上海开放大学的信息化现状，通过对数据治理体系的规划和实践，打造了以全量数据中心为核心的数据中台，提供了全面的数据服务支撑体系，在数据的采集、治理、存储、共享、填报、分析、推送七个方面，协助校方获得了系统的提升。

第五节　网班科技《"网班防疫通"助力智慧校园防疫管理》

一、摘要

在新冠肺炎疫情常态化防控的现状下,学校疫情防控成为校园管理的重点。上海及各地防控办都发布了防疫管控政策,进一步强化"属地、部门、单位、个人"四方责任,督促和指导学校加强对来校人员的体温测量及健康码查验等工作。

"网班防疫通"作为一款基于实时动态大数据的 AI 智能产品,为院校在疫情期间的访客和校内师生进出校园管理提供了一个智慧和高效的整体解决方案。该终端可实时实现对进校人员进行体温检测、二维码核验、身份证核验、人脸识别、人证比对等功能,并可显示随申码、行程码、核酸检测和疫苗接种的全方位情况信息。

二、背景

自 2020 年以来,网班科技研发了教育机构综合管理信息平台,并推出了"网班防疫通"AI 智能访客系统,为政府部门和院校的疫情防控工作提供了全方位的技术服务保障。

2021 年 4 月,"网班防疫通"AI 智能访客系统与数字哨兵打通,整合"红外非接触测温＋健康码识别验证＋身份证验证＋访客码验证＋人脸识别验证＋电子学生证验证＋核酸记录查询＋疫苗接种查询＋行程码查询＋抗原检测查询"。

三、智能化创新举措

防疫通运用 AI 大数据技术和软硬件一体化部署,实现与随申码、行程码、疫苗接种、核酸检测等疫情防控数据的实时对接,可以高效完成对进校人员的测温、验码及预约审批通行等工作。对比传统的人工测温加纸面登记模式,防疫通具有更准确、更高效、更方便、更易记录保存和统计数据等优势。

1. 智能化的人员通行精准管理

防疫通提供来访人员通行全流程管理,包括预约、审核、通行记录。访客经线上预约及校方

图 6 - 20　网班防疫通

审核通过后,可得到一个访客码,保安手持机扫描访客码,即可获得访客是否已预约、随申码颜色、核酸检测情况、行程码等信息,对已经预约的、符合防疫要求的访客放行。对于驾车的访客人员,访客无需下车登记,即可扫访客码通行,方便快捷。

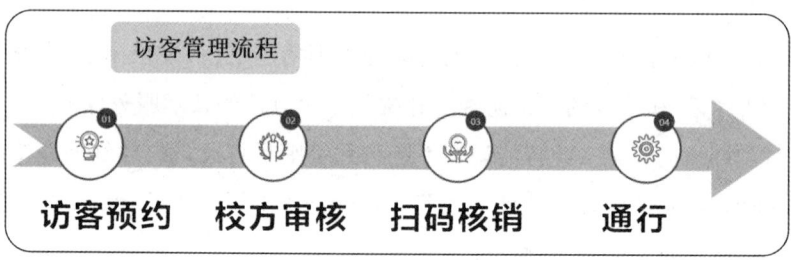

图 6 - 21　访客管理流程

2. 数据全打通,用户无感体验

防疫通系统平台在数据层面打通了人员的随申码、行程码、核酸报告、疫苗接种等实时数据,人员在预约或通行时,只需填写身份证号或出示随申码、身份证,校方即可获取该人员的行程码情况、最新的核酸检测报告以及疫苗接种情况等信息。

四、 主要成效

"网班防疫通"系统的应用实现了校园疫情防控的精细化管理、实现访客人员入校预约、审

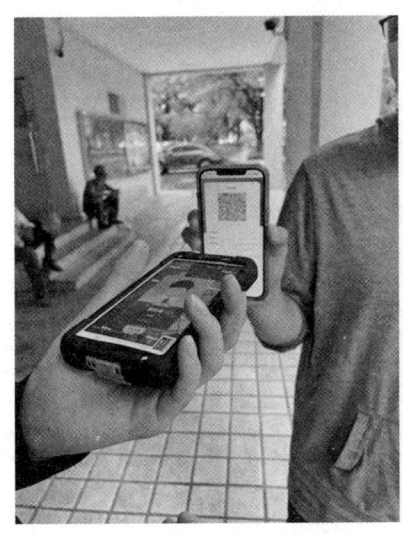

图 6 - 22 访客通行核验

核、核销全流程数据管理和校内师生防疫健康信息通行数据及时上报记录,完善人员流动信息闭环管理机制,科学精准高效掌握人员在校时间,织密织牢校园疫情防控网,确保学校教育教学平稳有序。

五、 实践成果及后续行动

自 2021 年 10 月份开始,防疫通陆续为上海开放大学三个校区进行了防疫通系统的部署和应用,近一年内已有近万人次的访客通行记录。

2021 年 11 月,防疫通还在黄浦区、普陀区、嘉定区、奉贤区和闵行区为参加当地自学考试的考生入校进场的身份认证、人证比对、疫情管控数据查验提供了平台支撑和技术保障。

接下来,防疫通还将以本地化部署结合 SaaS 服务的方式,为上海的各类学校提供疫情管控数据治理的平台工具和服务,并逐步将服务范围扩大到长三角甚至全国,积极助力智慧校园建设及疫情防控工作。